MATHEMATICAL MARKETING:
HOW TO USE DATAS COLLECTLY

「数字指向」のマーケティング

データに踊らされないための数字の読み方・使い方

Tatsuro Marui
丸井 達郎

はじめに

　本書を手に取ってくださり誠にありがとうございます。

　本書にご興味をいただいた人の多くは、マーケティングのお仕事に関わっておられるかと思います。マネジメントをする立場かもしれませんし、現場で実務に当たられているご担当者、もしくはこれからマーケターになろうと考えている人かもしれません。

　私はこれまで自分自身もマーケターとして働いていました。そして今はマーケティングオートメーションのシステムを提供する株式会社マルケトで、導入企業様へのコンサルテーションなどを行っています。

　マーケティング担当者の皆様と接する日々を過ごしていますが、多くの人が、「マーケティングの成果を証明できない」「どこから改善するべきなのかわからない」といったような、マーケティングの数字の見方について悩みを抱えています。

　マーケターに求められるスキルは多様化しています。クリエイティビティ、プロジェクトマネジメント、テクノロジーの知識など、様々な専門スキルが要求されます。私はマーケター時代、クリエイティビティに関してはからっきしダメでした。しかし、当時在籍した会社では、デジタルマーケティングが企業の成長ドライバーとして認識され、予算もプロジェクトも瞬く間に大きくなりました。「なぜそれが実現できたのか？」と振り返ると、毎日一生懸命にマーケティングの数字を見続けたこと、そして数字的根拠を持って成果

や課題を説明することができたからだと思っています。

　本書は上記のようなお悩みを解決するべく、マーケティングの数字について解説する内容になっています。数字指向でマーケティングを推進できるスキルこそが、マーケターにとって非常に重要なスキルだと考えています。

　数字指向というと、注目のデータサイエンスを想像される人も多いかと思います。私も大変興味のある分野ですが、本書では難しい統計学やデータマイニングを取り上げることはしません。

　私はもともと理系ではありませんし、複雑な数式も知りません。専門的に数学を学んでいなくても、毎日数字を見続けていると、これまで見えていなかった点や、見なければいけない要点が見えてくるものです。

　コミュニケーションのデジタルシフトが急速に進む中で、企業が取得できるデータが膨大に増えてきています。複雑に考えれば考えるほど、何から着手をすればよいのかわからなくなってしまいます。

　そこで本書は、膨大なデータの中から見るべき数字を取捨選択し、誰でもできる四則演算でマーケティングシミュレーションや実行プランが出せること、また成果を説明できることに重点を置いています。

　多くの人が正確な数字を細部まで見なければならないと思っていることが多く、測定できていない数字があると不完全だと考えています。また、分析というと複雑な数式を使って高度な分析をしないといけないと考えがちです。もちろん完全な数字、高度な分析は重要なことではあるのですが、そこで立ち止まっているより、見るべ

き重要な数字を定め、それを毎日見て、自分なりに考察をすることの方がより重要なのです。

　どうしても原因を解明しないといけない問題や、改善のインパクトが大きいと判断したときは、高度な分析ができる専門家に頼ることも必要です。しかしそれ以前に、なぜその分析をするのか。分析をすることで、何を得られるのか。そういうことを明確にする必要があります。

　本書では見るべき数字の要点を整理し、再現性のある数字活用の方法論をご紹介していきます。マーケターに課されていることは1つです。すなわち、「顧客に価値を提供し、会社の成長に貢献すること」です。決して「複雑な仕事をすること」ではないのです。コンサルティングをしているお客様から、「なんだ、そんな簡単なことでいいのか」と言われることがあります。私にとってはこれ以上ない褒め言葉です。そこに気づいてもらうことが私のミッションだと思っています。

　マーケティングは、企業の成長戦略の重要な役割と位置付けられ、予算も増加してきています。膨れ上がる期待値とプレッシャーの中で、他部門からの突発的なリクエスト対応や、増加するコミュニケーションチャネルおよびリソースの確保、効率化を図るツールの導入など、様々な問題への対応が必要とされ、業務範囲も拡大の一途です。

　そんな中で一番辛いのは、「マーケティングチームは一体何をしているのだ？」と言われることです。会社全体がマーケティングの貢献度を数字で客観的に知ることができるようになり、課題を明確にできれば、おのずと協力的な雰囲気に変わってきます。

はじめに

　数字指向のマーケティングが遂行できるようになることで、皆様のマーケティング業務の負担を少しでも軽減でき、マーケティングで成果を上げてもらえるように、できる限りわかりやすく、実務で使える実践的な方法論を紹介できるよう精一杯書きました。

　デスクの上にそっと置いておいていただき、「いざ」というときにお役に立てるような本になればと思っています。微力ではありますが、皆様のマーケティングの成功を心より願っています。

2019 年 2 月　丸井達郎

「 数 字 指 向 」 の マ ー ケ テ ィ ン グ

CONTENTS

はじめに …3
本書を読むにあたって …12
読者特典（会員特典）について …13

序章

マーケティングに必要な「数字力」 …15

0-1 マーケティングの重要性が高まる理由 …16
0-2 重要であるからこそ、マーケティングの業務は大変 …21
0-3 あなたのマーケティングの課題はどこにあるのか …31

第1章

マーケティングプロセスと主な指標 …35

1-1 正しく数字を読むには全体プロセスの把握から …36
1-2 全体プロセスと数字の関係 …38
1-3 マーケティングにおけるプロセス設計 …41
1-4 全体プロセスを設計する方法 …44
1-5 基本指標は「2種類の顧客数」と「コンバージョン率」 …55
1-6 マーケティングプロセスで数字遊びをする …58
1-7 コミュニケーションとチャネル …62
1-8 チャネル内のプロセスを設計する …66
1-9 業界別のプロセスモデルを理解する …71

第2章

収益プランを考える …79

2-1　マーケティングの収益プラン　…80

2-2　収益プランを示す目的　…83

2-3　収益プランを作成する　…86

2-4　全体プロセスと収益プランの関係性　…98

2-5　ベスト／ワーストケースとリスクシナリオを理解する　…103

2-6　収益プランの作成例　…105

2-7　収益指標の実例　…107

》》》第 2 章のポイント　…110

第3章

指標を正しく測定するために …111

3-1　測定計画を立案する　…112

3-2　測定計画立案にあたっての注意点　…113

3-3　見るべき数字を整理する　…115

3-4　測定計画の立案とプロセスマネジメント　…122

3-5　施策評価の指標　…129

3-6　その他の指標　…130

3-7　各指標のトラッキングとレポートの方法を検討する　…133

》》》第 3 章のポイント　…135

第4章

数字指向でマーケティング施策を計画する ...137

4-1　マーケティング施策の計画において大切なこと　...138
4-2　施策計画とプロセスマネジメント　...141
4-3　注力するチャネルと施策の計画　...148
4-4　施策効果のシミュレーション　...160
4-5　優先順位の決め方　...162
4-6　施策を実行するためのプランニング　...163
4-7　施策実行時のプロセスマネジメント　...170
4-8　数字指向のマーケティングオペレーション　...181

》》》 **第 4 章のポイント**　...184

第5章

適切な効果測定と分析方法 ...185

5-1　効果分析において大切なこと　...186
5-2　収益効果分析とプロセスマネジメント　...188
5-3　見込み顧客の種類による全体プロセス分析　...190
5-4　チャネル・施策ごとの効果分析　...194
5-5　施策別・効果分析のポイント　...212

》》》 **第 5 章のポイント**　...221

第 6 章

マーケティングを改善する …223

6-1 マーケティング改善において大切なこと …224

6-2 改善シミュレーションとプロセスマネジメント …231

6-3 チャネルの改善 …241

6-4 施策の改善サイクルを構築する …245

6-5 AB テストで施策を改善する …249

6-6 後半のプロセスを改善するリードスコアリング …258

》》》 第 6 章 の ポ イ ン ト …265

MATHEMATICAL MARKETING:

第7章

まとめ：今日から始める 数字指向のマーケティング …267

7-1 今日から始めるプロセス設計 …268
7-2 ［ケーススタディ①］BtoB のプロセス改善 …283
7-3 ［ケーススタディ②］EC サイトのプロセス改善 …293
7-4 マーケティングにおけるテクノロジー活用 …300

おわりに …303

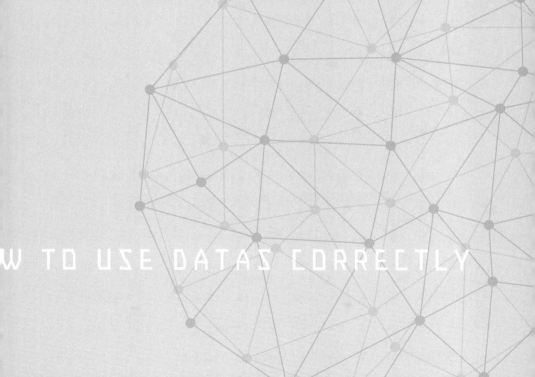

本書を読むにあたって

　本書では、マーケティングにおける数字感覚を磨くために、以下の順で解説しています。

序章　　マーケティングに必要な「数字力」
第1章　マーケティングプロセスと主な指標
第2章　収益プランを考える
第3章　指標を正しく測定するために
第4章　数字指向でマーケティング施策を計画する
第5章　適切な効果測定と分析方法
第6章　マーケティングを改善する
第7章　まとめ：今日から始める数字指向のマーケティング

　各章末にはポイントをまとめたページもありますので、概要をつかみたいときや、学んだことの確認にお使いください。
　また、数字の例を示しながら説明していますが、難しい数式は用いません。四則演算で済むものばかりなので、ぜひご自身の状況をイメージしながらお読みください。
　なお、本書に登場する数字の例は、すべて創作したサンプルです。端数処理の関係で合計や率が一致しない場合がありますが、ご了承ください。

読者特典（会員特典）について

　本書をお買い上げいただいた方への特典として、ウェブでダウンロードできるファイルをご用意しています。内容および入手方法は以下のとおりです（会員特典が必要です）。

特典内容

　マーケティングの数字管理に役立つテンプレート（Excel）

ダウンロード方法

①以下のサイトにアクセスしてください。
　URL　https://www.shoeisha.co.jp/book/present/9784798158594
②画面に従って必要事項を入力してください。
③表示されるリンクをクリックし、ダウンロードしてください。

注意

※会員特典データのダウンロードには、SHOEISHA iD（翔泳社が運営する無料の会員制度）への会員登録が必要です。詳しくは、ウェブサイトをご覧ください。

※会員特典データに関する権利は著者および株式会社翔泳社が所有しています。許可なく配布したり、ウェブサイトに転載することはできません。

※会員特典データの提供は予告なく終了することがあります。あらかじめご了承ください。

本書内容に関するお問い合わせについて

このたびは翔泳社の書籍をお買い上げいただき、誠にありがとうございます。弊社では、読者の皆様からのお問い合わせに適切に対応させていただくため、以下のガイドラインへのご協力をお願い致しております。下記項目をお読みいただき、手順に従ってお問い合わせください。

●ご質問される前に

弊社Webサイトの「正誤表」をご参照ください。これまでに判明した正誤や追加情報を掲載しています。

正誤表　https://www.shoeisha.co.jp/book/errata/

●ご質問方法

弊社Webサイトの「刊行物Q&A」をご利用ください。

刊行物Q&A　https://www.shoeisha.co.jp/book/qa/

インターネットをご利用でない場合は、FAXまたは郵便にて、下記"翔泳社 愛読者サービスセンター"までお問い合わせください。
電話でのご質問は、お受けしておりません。

●回答について

回答は、ご質問いただいた手段によってご返事申し上げます。ご質問の内容によっては、回答に数日ないしはそれ以上の期間を要する場合があります。

●ご質問に際してのご注意

本書の対象を越えるもの、記述個所を特定されないもの、また読者固有の環境に起因するご質問等にはお答えできませんので、予めご了承ください。

●郵便物送付先およびFAX番号

送付先住所　〒160-0006　東京都新宿区舟町5
FAX番号　　03-5362-3818
宛先　　　　（株）翔泳社 愛読者サービスセンター

※本書に記載されたURL等は予告なく変更される場合があります。
※本書の出版にあたっては正確な記述につとめましたが、著者や出版社などのいずれも、本書の内容に対してなんらかの保証をするものではなく、内容やサンプルに基づくいかなる運用結果に関してもいっさいの責任を負いません。

※本書に記載されている会社名、製品名はそれぞれ各社の商標および登録商標です。

序章

マーケティングに必要な「数字力」

0-1 マーケティングの重要性が高まる理由

本書におけるマーケティングの定義

　価値のある商品・サービスを作り出し、顧客へその価値を伝え、実際に価値を届ける。このような、**企業と顧客にとって双方が享受できる価値を最大化する活動**こそが、マーケティングといえます。まさに企業の存在価値そのものを高める活動です。

　「マーケティング」の定義は広く、様々な仕事が存在しています。筆者は、中でも顧客へ価値を伝えるためのマーケティング活動をしています。本書の主旨を理解していただくために、筆者が携わっている仕事の領域を少し詳しく書きます。

1. **ブランド認知拡大**：商品やサービスの認知度を上げる活動
2. **見込み顧客獲得**：商品に興味を持ってくれた見込み顧客の情報を収集する活動
3. **有望顧客への育成**：商品やサービスへの興味を高める顧客育成活動
4. **既存顧客との関係構築**：継続的に利用・追加購入をしてもらうための活動

　これらのミッションに対し、効果的なコミュニケーションの仕組みづくりを行っています。上記の領域は年々重要視される傾向にあり、本書でもこれらを軸に解説しています。特に、近年のマーケティングを取り巻く環境から、必然的にデジタル寄りの話が多くなりま

した。

　本来はセールス活動もマーケティング活動の一環ととらえることができますが、本書では分けて考えています。実際に多くの企業では、マーケティング部門とセールス部門が分かれているケースが多いでしょう。

　この章ではマーケティングの仕事の重要性が高まってきている理由について考察していきます。

セールスの効率化の限界

　セールスや実店舗を必要としないEコマースが急成長していますが、ここではイメージしやすいように、人的販売が絡むビジネスケースで、マーケティングの重要性が高まっている理由について考察します。

　従来、マーケティングの仕事は広告など、**認知拡大活動**や**新規見込み顧客獲得**が中心でした。「見込み顧客獲得後は、セールス担当者や店舗にお任せ」という時代が長く続きました。よい商品を作り、広く認知できれば、マーケティング担当者の仕事は終わりという時代です。

　大量のセールス担当者を採用し、人員の増加につれて商談数も増加し、さらには受注数も増えていくという構図であれば、この方法は効果的だと思います。

　しかし、少子高齢化で労働人口が減少し続け、人的リソースの獲得が困難な時代において、これまでの方法では「セールス担当者が足りない」という事態に陥ってしまいます。そこで、売上向上のた

017

めに、セールス活動の生産性向上が大きな課題になりました。10年ほど前から、日本でもSFA（セールス・フォース・オートメーション）が積極的に導入されるようになり、セールス活動の生産性向上が進められてきました。

　1人のセールス担当者が対応できる顧客数を増やす、受注率を上げるなどの生産性向上を地道に続けることで、これまで1人で生み出していた売上を2倍、3倍と伸ばそうとしてきたのです。

　ただし、SFAの導入を経験された人ならイメージしやすいと思いますが、システムを活用するためには教育が非常に重要で、そこに大きなリソースを割く必要が出てきます。データの入力を徹底し、システムに沿ってセールス活動を標準化していくことがいかに難しいか、痛感した人も多いでしょう。

　結局は従来の勘や経験重視のセールススタイルを捨てられず、システム導入が破綻したケースも多数あるようです。

　セールス担当者の能力を引き上げ、2人分、3人分の仕事ができるようになれば、当然効果はあります。これは継続して取り組んでいかなければならない重要なポイントです。しかし、人間には一定のキャパシティというものがあります（今後AIなどの進化で、人がやるかはわかりませんが）。

生産性向上の舞台はマーケティングへ

　こう考えると、いくらセールスをシステム化し、セールス担当者個人の生産性向上に取り組んだところで、おのずと限界が見えてきます。そこで、マーケティングの出番です。例えば1人で100人分

の生産性を生み出す方法はないかと考えると、**1人で何万人という多数の顧客と一度にコミュニケーションが取れる**マーケティングが役に立ちます。

このような観点から、マーケティングに生産性を大幅に向上するポイントがあるのではないかと、注目されるようになりました（図1）。その中でもやはり、デジタルマーケティングへの注力が経営の重要課題として据えられるようになりました。

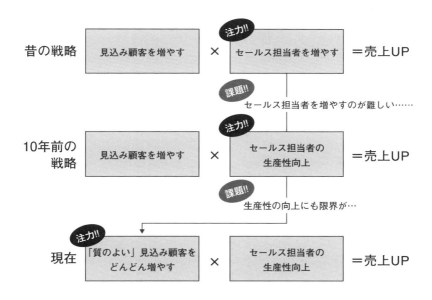

図1：マーケティングとセールスの課題の変遷

ここで、顧客の側も見てみましょう。モバイルテクノロジーやソーシャルネットワークの発達、企業ホームページの充実などの様々な要因により、**情報の主導権が企業から顧客へ**変わりました。自力で情報収集し、購買の最終決定段階で初めて問い合わせをしてくると

いうようなケースが急増しています。

　様々な企業のセールス担当者にヒアリングしたところ、かなり多くの人が「価格だけ教えてほしい」、「その情報は事前に調査済みです」と言われたことがあるそうです。このように、企業のセールス活動の主戦場が大きく変化してしまいました。

　当然、そのような状況を受けて各社がデジタルマーケティングの強化を急ピッチで進めてきたので、競争が激しくなってきています。

　会社の成長の鍵はマーケティングが握っており、新規見込み顧客の獲得コストは増加傾向にあります。マーケティングにおいては、厳しい競争の中で、**優良な見込み顧客**を獲得しなければなりません。限られた予算の中で、最大限の成果を上げなければならないというのが現在の状況といえます。

0-2 | 重要であるからこそ、マーケティングの業務は大変

　マーケティングの仕事は重要性を増し、企業戦略の要としてデジタルマーケティングが据えられることも多くなってきました。期待が高いということは、それだけ結果が求められます。また、対応しなければならない事項も増えており、複雑化しています。業務の難易度が日増しに高まるマーケティング担当者の悩みは尽きません。では、具体的に現場の状況を見てみましょう。

コミュニケーションの複雑化

　コミュニケーションチャネル、つまり顧客との接点が多角化してきています。これは、**コミュニケーションのデジタルシフト**が主な原因です。以前はウェブ、広告、メールをカバーできていれば、大半のデジタルコミュニケーションを押さえられました。

　しかし、今では従来のウェブ、広告、メールに加えて、モバイル、モバイルサイト、モバイルアプリ、LINE、Facebook、Twitterなど、様々なコミュニケーションチャネルをカバーしなければなりません。

　顧客が情報収集をする方法が変化してきているのであれば、マーケティングも顧客が望む形で情報を提供していかなければなりません。顧客によって好みのチャネルも異なりますし、複数のチャネルでメッセージの一貫性を保つ必要も出てきます。

　急速に拡大しているのはデジタル領域が主になりますが、従来か

021

らあるTVCMや新聞広告、ダイレクトメールなど、その他のコミュニケーションもカバーしながらだと、人手がいくらあっても足りません。

　この複雑なマーケティング環境の中で、顧客はより適切なメッセージを、適切なチャネル、適切なタイミングで受け取ることを求めています。常に新鮮で、自分にとって有益な情報を求めているのです。

　私たちは1日に3,000以上ものマーケティングメッセージを受け取っており、その中で記憶に残るのは3〜4件と、非常にわずかだといわれています。この3〜4件に残るために、より個人個人の趣向に合わせたマーケティングコミュニケーションが求められています。この重要性については、パーソナライゼーションというキーワードが用いられます。

　よくこれらのパーソナライゼーションとマスマーケティングを対比的なものとして挙げる人がいますが、それは少し違うと思っています。マスに受け入れられる商品やサービスを提供していれば、マスマーケティングは極めて有効な手段であるからです。あくまで、ビジネスや購買ステージごとの使い分けが重要です。自社のビジネスに対してどのようなマーケティング活動が効果的なのか。それを理解する必要があります。「マスの時代は終わった」というキーワードだけで片付けられる話ではありません。

　例えば、マスマーケティングで広く告知して商品を購入してもらえたら、次もまた自社の製品を購入してもらえるように、コミュニケーションを継続していかなければなりません。その際に、顧客が最も頻繁に接触するコミュニケーションチャネルは何なのか、そして需要が発生するタイミングはいつなのかをしっかり理解して、

メッセージを届ける必要があります。

　また、顧客の属性や行動、そして趣向性をしっかりと理解したうえで、オプション製品の提案を行う必要もあるでしょう。このように、ステージごとにコミュニケーションの活用方法をしっかりと見極め、顧客のニーズを理解し、最適なコミュニケーションを実現していくことが求められます。

　特に最近では、この「顧客との関係維持をどう構築していくのか」という点が、ビジネスを継続していくための重要なテーマとなっています。それだけ世の中に商品やサービスがあふれ、新たな製品で新たな顧客を獲得していくことが難しい時代になってきたといえます。

　本当に価値のあるものを作っても、必ず売れるという時代でもありません。正しいマーケティングを通じて消費者に届けていかなければ、その価値に気付かれずに終わってしまいます。マーケティングの役割は極めて重要になっています。

期待される領域の拡大

　コミュニケーションの多様化に加えて、マーケティング担当者に期待される領域も拡大してきました。アクセンチュアインタラクティブの調査では、BtoBにおいて、約2/3の顧客は営業と対面する前に購買意思を固めていると指摘しています（**図2**）。

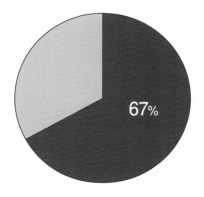
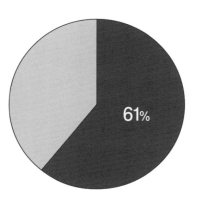

図2：BtoBにおける顧客購買行動のデジタル化
出典：アクセンチュアインタラクティブ「デジタル化時代のBtoBマーケティングをどう進めるか」をもとに作成
https://www.accenture.com/jp-ja/insights/communications-media/how-to-proceed-btob-marketing

　さらに、オンラインというキーワードから考えると、自社のウェブサイトで有益な情報を届け、適切なタイミングでコミュニケーションを取り、ウェブサイトと顧客をリンクさせていく（つながりを築く）必要があります。

　つながりを構築するために活用できるチャネルは、日々増加しています。そのため、メッセージに一貫性を持たせる必要が出てきています。メールやオンライン広告、SNSなどで一貫したメッセージを届ける仕組みづくりが必要です（**図3**）。

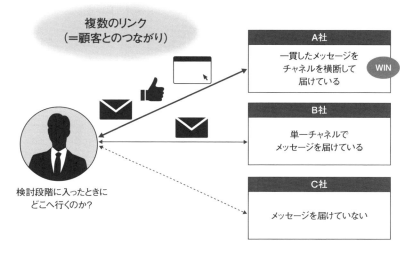

図3：顧客と良好なリンク（つながり）を築くことが重要

　先述した通りですが、以前は認知拡大や見込み顧客の拡大が主な業務だったのが、**LTV（顧客生涯価値）**を最大化するべく、見込み顧客獲得後の育成や既存顧客との関係構築に注力する企業が増えてきました。

　オンライン広告などの競争が激化しており、1人あたりの見込み顧客獲得コストが増加してきているので、「見込み顧客を獲得後に育成し、きちんと受注までフォローする」、そして「購入後の顧客にリピート購入をしてもらう」というマーケティングプロセスの構築が必要とされるようになりました（**図4**）。

　最近では**サブスクリプションモデル**という言葉が使われるようになりましたが、消費者の**購買行動は所有から利用へ**変化してきています。このようなビジネスモデルの変化の影響も考えると、今後ますますマーケティングの領域は拡大していくものと思われます。

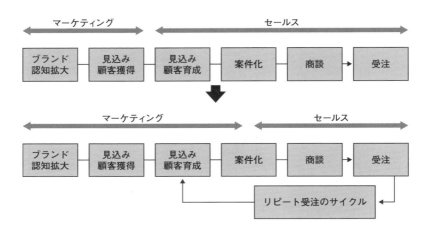

図4：マーケティング領域の拡大

部門間調整の重要性

●セールス部門との調整

　セールスとマーケティングは本来、マーケティング・コミュニケーションという意味では同じ役割です。顧客と接点を持ち、自社の製品の価値を伝える運命共同体といえます。

　しかし、マーケティングとセールスが部門や役割として分断されている企業は多いのが実態です。最近はこのセールスとマーケティングを同一の課題として認識する企業が増加していますが、やはり両部門の間には長年にわたって築いてきた壁のようなものを感じます。

　ときおり、「自社のセールスの権限が強すぎて、マーケティングの重要性が理解してもらえない」と話す人がいます。しかし、これまでのセールス活動は負担が大きすぎたのも事実で、権限を持って

よい立場だったと思います。顧客対応に関するあれもこれもやりながら、本来の重要な役割である商談活動に時間を割くために、セールス担当者は多くの労力を費やしてきました。

マーケティング担当者は「セールスよりもマーケティングの方が重要」などと考えず、セールス活動の効率化の支援をする最大のパートナーという意識を持って、一緒に業務に取り組むことが必要です。

●IT部門との調整

データを安全に守る立場にあるIT部門と、データを積極的に活用する立場にあるマーケティング部門は衝突することがあります。

例えば、マーケティングデータとして企業の基幹システムにあるデータを活用したい場合を考えてみましょう。様々なシステムとの連携を模索して提案することになりますが、当然ながら連携する先が増えれば増えるほどIT部門の業務負荷は上がり、セキュリティ面でも不安が増えます。データ活用を通じて会社の売上にどのように貢献するのかということをきちんと説明し、理解を得ることが大切です。

筆者はかつて、基幹システムをクラウドシステムへ移行し、社内のあらゆるデータをマーケティングに活用できるシステムの構築をリードした経験があります。これは普段IT部門が苦労している点などを理解するよい経験となりました。

同じ目標を持ち、それぞれの背景を十分に理解したうえで積極的にコミュニケーションを取り、プロジェクトを進めていくスキルは、マーケティング担当者にとって非常に重要なものです（**図5**）。

マーケターは各役割の立場を尊重し、協力してもらえるよう
積極的にコミュニケーションを取る必要がある

図5：マーケティング担当者に必要な部門間の調整

不足する専門人材

　マーケティングの対応領域は拡大の一途ですが、専門人材の育成がこのスピードに追い付いていないという大きな課題があります。そもそも育てるための人材獲得すら難しいのが現状でしょう。
　マーケターと呼ばれる職種は売り手市場であり、引き手数多の中で会社に定着してもらえるか、といった課題もあります。外部からの採用だけに頼らず、マーケターの育成プロセスに着手する必要も出てきています。

早期に成果の証明が求められる

　数年前までは、デジタルマーケティングに懐疑的な経営者もいましたが、ここ最近では注力していない経営者は極めて少なくなりま

した。それに比例するように、予算規模が年々成長している企業も多くあります。

その反面、デジタルマーケティングにかける予算の中で、実験的な要素に振り向けられる金額はかなり少なくなってきており、早期に成果を出すことを期待されています。

経営者にとって、対面でのセールスや商品開発であれば自身も経験したことのあることが多いので、具体的な指示を出しやすく、事情も理解できます。しかしデジタルという言葉が付くと「？？？」となってしまう人も多いかもしれません。

経営者自身に経験がない領域のため、社員を信じて任せるほかありません。どこまで投資をしたらよいのか、判断しにくい部分もあります。さすがに、「デジタルを使えば飛ぶように物が売れる」、「デジタルなら簡単にマーケティングができる」と考える人は少なくなってきたかもしれませんが、それでもやはり過度と思える期待の中で、マーケティング担当者が奮闘しなければならないケースは多いでしょう。

経営層にとって最も信じられるのは、人もそうですが、何より数字です。**売上に関わる数字としてマーケティングの成果を説明**できれば、経営者もより大きな投資に舵を切ることができます。会社の成長に貢献し、自分のがんばりが正当に評価されるためにも、数字を扱える能力は非常に重要です。

実際によくあるケースとして、「マーケティングの成果が出ず、困っている」という人に悩みや課題を聞いてみると、成果は出ているのに見えていないだけという場合があります。成果を測り、数字を使って証明するだけで、筆者のコンサルティング業務が終わることは多々あります。

状況を打開するのは「数字指向」

　大きく膨れ上がる作業の中で、余分な作業に時間を割くわけにはいきません。自社にぴったり合ったデータサイエンティストを見つけるのは、あまり現実的ではないでしょう。

　「では、マーケティングはできないのか？」というと、決してそうではありません。正しい数字の見方を覚えれば、少なくとも「大きく外さない」マーケティングができるようになります。

　そして、マーケティングの数字を見るうえで最も重要なのが、次章以降で解説する「プロセスマネジメント」になります。

0-3 あなたのマーケティングの課題はどこにあるのか

日本のマーケティングには「戦術設計力」が足りない

マーケティングは、戦略、戦術、実行、そして成果という関係で成り立っています（**図6**）。

図6：マーケティング戦略から成果までの関係

マーケティング戦略は、自社のビジネス目標に沿って、マーケティングで何を達成し、何を実行していくのかといった大目標となります。その目標達成に向けて、具体的なプロセスや体制を整備し、測定計画や業務計画などの戦術を定めます。

戦術に沿って具体的な実行オペレーションを行い、成果を求めていきます。多くの企業において設計が最も不十分だと感じるのが、マーケティングの"戦術"部分です。日本のマーケティングは、アメリカから遅れているといわれることがあります。一方で、「アメ

リカのマーケティング "施策" と同じようなことを実施しているので、そんなに遅れていない」という声も聞きます。これはどちらも間違いではないと思いますが、戦術部分の設計力に関しては、確実に遅れていると筆者は感じています。

それは、筆者が勤務しているマルケトでも、アメリカ本社のコンサルタントによる戦術設計のノウハウや、海外の顧客のオペレーションを見ると、非常に綿密な測定計画やオペレーションフロー、運用体制が設計されています。もちろん、アメリカや欧州でも一握りの企業が実現できているレベルだと思いますが、その根底になる戦術設計のフレームワークの成熟度が圧倒的に異なると感じます。

日本でも、データを活用した高度なマーケティングや、非常に細かなチューンナップを日々行っている企業は多数あります。施策部分では、日本のマーケティングも非常に高度なレベルにあることは間違いありません。

しかし、

・オペレーションは十分に実行できているけれど、成果が証明できない
・特定の人物が退職してしまったら、一気に推進力が落ちた
・役割と責任が不明確で、放置されている施策がたくさんある

これらの声を聞かない日はないほど、マーケティング担当者たちは悩んでいます。これらはすべて、戦術部分の設計が不十分であることが原因です（**図7**）。いくら素晴らしい施策を実行したとしても、正しい成果の証明ができず、行き当たりばったりのマーケティングを続け、PDCAはただ回しているだけ。このような状況に陥ってしまうのです。

また、施策事例を自社に当てはめてみても、なんとなくしっくりこないことも多いでしょう。施策事例をTipsとして収集するのはよいことですが、そもそも戦術設計がなければ、その事例を自社に当てはめて活用できないのです。

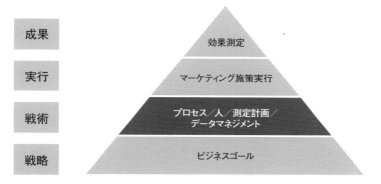

図7：戦術設計がマーケティング成功の鍵

　戦術設計のフレームワークが成熟すれば、日本は高度なマーケティングと素晴らしい商品・サービスを武器に、世界で非常に強い競争力を持つことができるでしょう。海外でもKAIZEN（改善）という言葉が認識されているように、もともと日本人は実行を効率化するための戦術設計が得意です。製造の世界では、プロセスマネジメントや測定計画、業務計画において、トップレベルの力を持っているのです。そのノウハウをマーケティングにも活用して、日本独自の最強のフレームワークを構築できるポテンシャルがあるはずです。

　戦術設計をしっかり考えることで、企業のマーケティングが劇的に変化したケースも多数見てきました。本書はこの戦術部分の設計に重点を置いており、その中心的な存在もやはり「プロセスマネジメント」です。次章以降では、マーケティングにおけるプロセスマネジメントについて説明していきます。

第1章

マーケティングプロセスと主な指標

1-1 正しく数字を読むには全体プロセスの把握から

マーケティング活動から売上までの流れを理解する

　正しく数字を読むために必ずやらなければならないことがあります。それは**全体プロセス**の把握です。ここでいう全体プロセスとは、マーケティング活動から売上に至る一連のプロセスのことです。例として、**図1**を見てください。

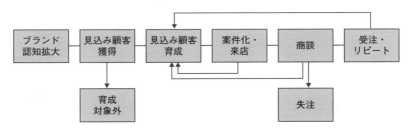

図1：全体プロセスの例

　ブランド認知が拡大することにより、見込み顧客の獲得数が増加します。見込み顧客の獲得数が増加すると、新規受注数が増えます。そして新規受注数が増えることで、リピート顧客の売上が増加するのです。
　このように**各プロセスがつながり合うように、売上に至るまでの流れを整理**することが重要です。しかし、この全体プロセスが役割ごとに分断されているケースが多く、横断して把握しにくいといえます（**図2**）。

図2:プロセスは役割ごとに分断されやすい

モノづくりの世界から見るプロセス管理の重要性

　モノづくりの世界で考えてみると、生産現場では製造プロセスがあり、各プロセスの在庫状況やリードタイムなど、様々な指標を測定し、可視化しています。どこかのプロセスだけが分断されて、生産状況がよくわからないということはないと思います。

　また、製造プロセスに沿って適切な人員配置が行われ、個々が数値目標に責任を持って業務にあたります。そして、限られたリソースで生産能力を最大化させるべく、プロセス内のボトルネックを分析し、各プロセスでの作業を定義しています。

　このような、**これまで日本がリードしてきたモノづくりの世界における高度なプロセスマネジメントのノウハウ**にこそ、マーケティングの生産性を大幅に向上させるヒントがあります。

　全体プロセスが設計されていないマーケティングは、まさに設計図のない工場でモノづくりをしているような状況といえます（**図3**）。

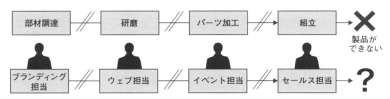

図3:モノづくりはプロセスがつながっていないと成り立たない

1-2 | 全体プロセスと数字の関係

目標数値は全体プロセスから考える

　プロセスを進めるための各作業が、マーケティングではコミュニケーションという形で進められます。モノづくりの世界では、各プロセスの作業はロボットが行っていることもあれば、人が行っている場合もあるでしょう。

　いずれにせよ、そこには必ず数値目標があり、誰かが責任を持って監督しているはずです。今日は10個、明日は50個と、個人がその日の気分で作業をして帰るということはないでしょう。その前提として、全体プロセスを把握し、測定可能な状態になっていないといけません。測定するからこそ、目標数値や課題が設定できるわけです。

　マーケティングにおいては、マーケティングから売上に至るまでの**プロセス設計が測定の前提**になります。各プロセスの担当者は、今月中に何件の顧客データを次のプロセスへ送り込まなければならないのか。その結果、どれだけ売上が上がるか。このように、プロセスを把握したうえで、数字に責任を持って業務に取り組む必要があります（**図4**）。

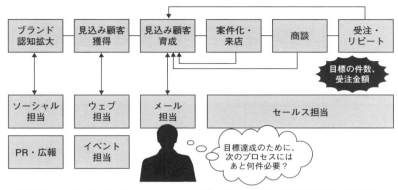

目標達成に向けて、それぞれのプロセスの担当者が次のプロセスへ送る数値目標を持って取り組む

図4：プロセスと目標の設計

数字が明確になると仕事の好循環を生む

　筆者は以前、ある顧客から「メールのクリック率が20%上がれば、この領域の売上を10%伸ばすことができます」という明快な説明を受けたことがあります。ここでは、メールのクリック率が売上に関連した重要な指標として利用されています。全体プロセスが把握できていないとこのような答えは導き出せません。しかも、これがトップを含めた全社の共通認識として持たれていました。

　これは素晴らしいことです。数値目標が明確に設定されているので、担当者は相応のプレッシャーがあるわけですが、一方で正当に評価されるわけですから、当然やる気が出るでしょう。
　すると、仕事も工夫され、洗練されてきます。数値が下がれば売上の下落に直結するので、状況が悪いときはまわりも協力してくれます。全体プロセスを把握し、数字で説明できると、このような素晴らしい循環が生まれるのです。

上記のように、全体プロセスを把握することで得られるメリットは大きいといえます。これには複雑な数式も専門知識も不要で、誰でもチャレンジできます。最初から緻密な設計をする必要もありません。ざっくりと全体像を把握することから始めていきましょう。

COLUMN
CMOの役割

プロセス全体を把握する役割として、CMO（チーフマーケティングオフィサー）という役職が注目されるようになりました。これをモノづくりに置き換えて考えると、工場長や生産マネジメントのトップというイメージでしょうか。

CMOに期待される役割はマーケティングROI（投資利益率）を最大化することですが、そのためにはマーケティングプロセス全体を俯瞰的に把握し、成長のドライバーとなるものや課題に対して、適切なアプローチをしていく必要があります。

現状として、すでにウェブ担当やイベント担当など、機能的な専門チームは各社で立ち上がっています。しかし、横断的にプロセス全体を把握する役割を経験した人は、まだまだ少ないという状況です。各役割の専門家になる必要はありませんが、全体プロセスの設計ができないと、CMOの役割は務まりません。

仮にブランディングや広告だけに特化して素晴らしいスキルを持っていたとしても、CMOの能力としては十分ではないでしょう。部分最適化も大変重要ですが、結局それが売上にどう影響するのかをセットで語れないと、「なんでそんなことをする必要があるの？」と聞かれたときに、誰でもわかるような説明ができません。

1-3 | マーケティングにおける プロセス設計

　詳しくは後述しますが、マーケティング担当者は、1つの施策が会社の成長にどのように貢献するのかを説明できなければなりません。このときに数字的な根拠を持っていると、日々の業務において「今やらなければならないこと」がクリアになり、誰もが納得する形でマーケティングを推進できます。

　これを実現することは簡単ではありませんが、ここを避けようとすると、ゴールと地図のない山登りをしているような状態が続きます。いずれ息切れを起こしてしまうでしょう。

　何事にも必要なのは、**明確な目標**と、その目標を達成するための**ロードマップ**です。それを定めるための第一歩が、プロセス設計になるのです。

　本章ではプロセス設計を通じて、改善や注力するポイントを見極める方法について学習します。また次章以降では、具体的な目標や目的の設定、さらに人員の配置や予算配分など、具体的なプランを数字として説明できるようになる方法を説明していきます。

　次節では、対面でのセールスが絡むB to Bのビジネスを例として、全体プロセスの設計から具体的なプラン作成まで解説していきます。この方法はあらゆるビジネスモデルに応用でき、本章の後半ではECサイトなどの事例も取り上げています。

全体プロセスを整理する

第1章

マーケティングプロセスと主な指標

●認知拡大からセールス活動開始まで

マーケティングのプロセスはどのように進むか、まず整理してみましょう（**図5**）。

第一段階として、ブランドや商品を知ってもらう認知拡大のプロセスがあります。B to Bでのマーケティングでいえば、商品の展示会やセミナー、オンライン広告やTVCMなどが該当します。

認知が拡大すると、見込み顧客リストを作成するために、名刺やオンライン登録で個人情報の収集を行います。収集したリストの中から有望な見込み顧客を選別し、セールス担当者に引き渡します。製造プロセスでは前工程と呼ばれるような段階です。

その後セールス担当者は商談化を目指し、セールス活動を行っていきます。これは製造プロセスの後工程と考えることができます。

マーケティング

マーケティング				セールス		
認知拡大	獲得	育成	クオリフィケーション	案件	商談	受注

モノづくり

前工程				後工程		
原料	搬入	加工	検品	組立	調整	出荷

図5：マーケティングは前工程、セールスは後工程

042

|||||||||||||||||||||||||||||||||||||| **COLUMN** ||||||||||||||||||||||||||||||||||||||

注目されるインサイドセールス

||||||||||||||||||||||||||||||||||||||||||||||||||||||||||||||||||||||||||||||||||||||

　最近では、マーケティングからセールスへの引き渡しのプロセスの間に、インサイドセールスという機能を持つ企業も増えてきました。

　インサイドセールスとは、実際に顧客先に訪問するフィールドセールスとは異なり、電話によるセールス活動を行います。マーケティングは一方的な情報提供が中心ですが、インサイドセールスは対話が必要で、しかも多数に対応することが求められる場合に最適です。

　インサイドセールスを導入することで、顧客と接点を持てる機会が大幅に増加します。1人のセールス担当者が1日で訪問できる数はせいぜい4〜5件が限度ではないでしょうか。ところがインサイドセールス（電話）であれば、1日で数十件をこなす人もいます。

　また、インサイドセールスでのコミュニケーションを通じて、有望な見込み顧客をより正確に把握できます。あるいは、有望な見込み顧客に育てることもできるでしょう。そういった見込み顧客をフィールドセールスにつなげば、商談化率や成約率の向上に結び付きます。

　また、インサイドセールスはマーケティングチームとも連携します。見込み顧客の質、課題、要望について相互にフィードバックを行うのも重要な役割の1つです。

　マーケティングチームとインサイドセールスチームは、定量情報（見込み顧客の獲得数、商談化率など）や、定性情報（サービスへの理解度、温度感など）を継続的にフィードバックし合うことで、顧客のプロファイルやコミュニケーションの内容を向上させることができます。

1-4 全体プロセスを設計する方法

プロセスを描いてみる

ここから、インサイドセールスも含めた全体プロセスの描き方について解説していきます。**プロセスは前から後ろへの一方通行ではありません。**そこで、「迂回路」や「デッドエンド」の概念や意味についても説明します。

全体プロセスは、ぜひマーケティングチームで実際に描いてみてください。チームでワイワイと、ホワイトボードなどに手描きしてみるとよいでしょう。

まずは、大まかな全体プロセスを整理します。ここでは図6のようにしました。

図6：大まかな全体プロセスの整理

全体プロセスの大まかな整理ができたら、**各プロセスの定義**をする作業に移ります。最初から完璧なものでなくても結構ですが、大切なのは**数字として測定可能な定義**にすることです。例えば「購買に興味を持つ」というような曖昧なものをプロセスとして設定することは避けます。

現在は測定していないものでも、測定可能なものは含めて構いません。今後取得していかなければならない数字を浮かび上がらせるのはとても重要なことです。

例として、**図6**の各プロセスを**表1**のように定義しました。

表1：各プロセスの定義

プロセス	定義
ブランド認知拡大	ウェブサイトの訪問数
見込み顧客獲得	氏名や連絡先などの個人情報を取得した件数
見込み顧客育成	マーケティングメッセージに反応あり（マーケティングメールのリンクをクリックした、セミナーに参加したなど）
有望見込み顧客	商品パンフレットを取り寄せた見込み顧客
アポイント・訪問	アポイントが成立している見込み顧客
商談	商談中の見込み顧客
受注	受注済みの顧客

全体プロセスを有効活用するためのルート設定

●「成功パス」と「ファストパス」

図6で示したプロセスは、受注に向けて順調にプロセスを進んでいる顧客が通るルートなので**「成功パス」**と呼びます。中には飛び級で前のプロセスへ進む顧客もいますが、その場合は**「ファストパス」**と呼びます。例えば、どうしても取引をしたい企業が見込み顧客にリストアップされて、セールスチームがいち早く特別対応するようなケースです。

●「迂回路」と「デッドエンド」

しかし、実際のプロセスは前に進んでいくだけではないでしょう。そこで、いくつかのプロセスを加えていきます。

成功パスをいったん離れてまた戻るルートや、2度と成功パスに

戻ってこないルートを付け足します。前者のルートのことを**「迂回路」**、後者のルートを**「デッドエンド（行き止まり）」**と呼びます。

例えば、一度アポイントを取得したけれど、商談化はしなかった見込み顧客がいたとします。このケースは迂回路を設定し、見込み顧客育成のプロセスに戻して、リマーケティングの対象としましょう。工場などで行われるリサイクルと同様のプロセスです。

多くのマーケティング担当者が見落としているケースが多いのがこの迂回路の設計です。**図7**に、迂回路やデッドエンドを加えた全体プロセスを示します。

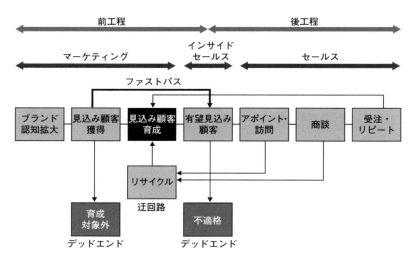

図7：迂回路やデッドエンドを加えた全体プロセス

図7に新たに加えたプロセスについて、簡単に説明します。

ファストパス

早めにフォローしたい見込み顧客がいると想定し、アポイントをすぐに取得するファストパスを加えました。

迂回路

アポイントや商談まで進んだが、受注に至らなかった顧客が通るルートです。ここでは「リサイクル」というプロセスを通るようにしました。

デッドエンド

見込み顧客としてフォローする必要がない顧客を選別するためのルートです。「育成対象外」と「不適格」という2つのプロセスを加えました。

あらためて、各プロセスを**表2**に定義してみます。ここで定義した各プロセスの定義が、プロセス全体の測定計画となります。

表2：迂回路やデッドエンドを加えた各プロセスの定義

プロセス	定義
ブランド認知拡大	ウェブサイトの訪問数
見込み顧客獲得	氏名や連絡先などの個人情報を取得した件数
育成対象外	競合他社やフリーメールアドレス（GmailやYahoo!メールなど）を利用している見込み顧客
見込み顧客育成	マーケティングメッセージに反応あり（マーケティングメールのリンクをクリックした、セミナーに参加したなど）
リサイクル	アポイントもしくは商談プロセスに進んだが、受注に至らなかった見込み顧客
有望見込み顧客	商品パンフレットを取り寄せた見込み顧客
不適格	インサイドセールスによって取引するための条件（BANT条件）が合わないことが判明した見込み顧客
アポイント・訪問	アポイントが成立している見込み顧客
商談	商談中の見込み顧客
受注・リピート	受注済みの顧客

表2に**BANT条件**と書きましたが、これはBudget（予算）、Authority（決裁権）、Needs（必要性）、Timeframe（導入時期）のことです。これら4つをヒアリングすることで、**顧客の有望度合いを見極める**ことができます。

最近ではこの見極めを自動化するために、マーケティングオートメーションというシステムが注目されています。マーケティングオートメーションでは、顧客の有望度合いをスコア化し、一定のスコアを超えた見込み顧客を有望とみなします。これにより、インサイドセールスを効率よくフォローできるのです。

マーケティングが責任を持つ数字は？

マーケティングチームは、**有望見込み顧客を何人生み出すか**について責任を持ちます。インサイドセールスはアポイント件数や商談の作成数、セールスは商談数からの受注率や受注数に責任を負います。それぞれの管轄が数字に責任を持つことで、プロセスは初めて機能するのです。

セールスが受注件数の目標を設定するのは一般的ですが、マーケティングチームが有望見込み顧客の目標数を設定するケースはまだまだ少ないといえます。これはモノづくりでいえば、パーツの供給には責任を持たず、組み立て担当者だけが責任を負わされている状態と同じことです。責任の面だけではなく、目標の数字がなければ仕事に対する評価もしにくいでしょう。

このように全部門が数字に責任を持つことで、お互いがフィードバックを始めます。「もっと研磨されたパーツを前工程で作ってくれたら、後工程の組み立てがさらに速くなる」のようなことです。これはセールスとマーケティングの関係でも同じです。「より質の高い見込み顧客が供給されれば、もっと受注できる」といった具合です。モノづくりにおける検品作業とまったく同じです。

この検品の基準として、リードスコアリングが活用されています。サービスの提供者と利用者の間で結ばれるSLA（Service Level Agreement：サービス水準合意）というものがありますが、「マーケティングとセールスチームのSLA」を設定するような感覚です。例えば、以下のような点で合意をします。

・マーケティングチームは、○○の基準をクリアした見込み顧客を毎月○○件、セールスチームに供給する
・セールスチームは、受け取った見込み顧客を○○日以内にフォローアップし、○○％受注する。

この見込み顧客の基準を数値化するために、リードスコアリングという機能が使われます。最近ではリードスコアリングにも人工知能の技術が活用されてきており、システムによる予測的なスコアリングを活用する企業も出てきています。このような人工知能の活用も、プロセス設計があって初めて機能するといえます。リードスコアリングについては第6章でも詳しく解説します。

迂回路設計の重要性

●成功パスしか考えない危険性

図8は受注目標を300件と定めた場合に必要な見込み顧客数を計算したものです。**見込み顧客から受注までのコンバージョン率（遷移率）が1％低下するごとに、必要な見込み顧客数が急増していく**のがわかると思います。

これは、成功パスのみで迂回路が設計されていないプロセスにおいて、時間経過とともによく陥るケースです。

新商品に対してマーケティングを始めた頃は、新規の見込み顧客が購入まで順調に進み、売上が伸びていきます。しかし、次第に商品に強いニーズを持った顧客の購買が一巡し、**新規見込み顧客の獲得効率低下**と**受注へ至るコンバージョン率の低下**がダブルパンチで襲いかかり、マーケティングの効率が大幅に低下することがよく起きます。

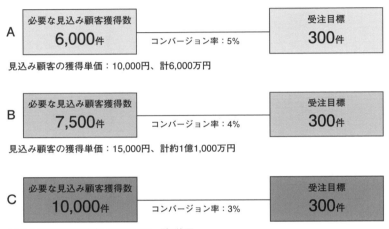

図8：コンバージョン率低下が招く獲得顧客数とコストの増加

そもそも新規で獲得したリードのうち、すぐに商談になるのは全体の1割程度しかないといわれています。1/4はすでにパートナーであったり、学生や競合であるなど、将来的にも購買に至らない層です。残りの65％は「将来的に購買の可能性はあるが、今すぐではない」というデータがあります（**図9**）。

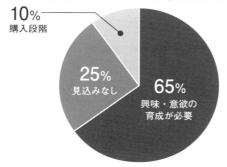

図9：65%は「今すぐではない」見込み顧客（マルケト調べ）

　図8のケースでいえば、同じ300件を受注するのにAとCでは1億4,000万円のコスト差が出てきます。

　成功パスだけしか設計されていないと、当初は新規の見込み顧客に対応するだけで精一杯の状態が続き、前のプロセスへ進めなかった見込み顧客は放置されていきます。放置されている間に、見込み顧客は他社の商品を購入したり、次第に興味を失ったりするでしょう。そうすると、せっかく獲得した見込み顧客がムダになり、新規獲得頼みになってしまいます。上記の計算からもわかるように、マーケティングは非常に苦しい局面を迎えます。

　裏を返すと、先ほどのデータでいえば65％のリードは、時間がかかっても、まだ戻ってくる可能性があるといえます。つまり、マーケティング開始からの時間経過とともに、未受注の見込み顧客に対してのリマーケティングの重要性が増してきます（**図10**）。

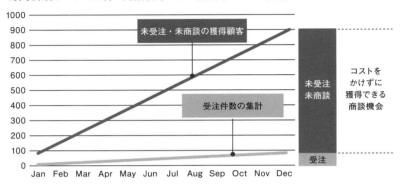

図10：時間経過とともにリマーケティングの重要性が高まる

●迂回路によってリマーケティングが可能に

　そこで、迂回路が役立ちます。新規見込み顧客の獲得だけに依存せず、**「プロセス内に残存しているユーザーをリマーケティングして再利用する」**という考え方が非常に重要なのです。

　例えば、一度アポイントが取れて商談までしたが、予算やタイミングの問題で受注に至らなかった見込み顧客がいたとします。しかも、新規見込み顧客の対応でセールス担当は忙しく、なかなかフォローできない。このような状況では、マーケティングチームが次のようなサポートをする必要があります。継続的に興味を高めるために顧客とのタッチポイント（接点）を構築し、コンバージョン率の低下を防止します。具体的には、リターゲティング広告やソーシャルネットワーク、メールマーケティングなどを用います。

　受注前の顧客データをいかに獲得し、リサイクルするか。 この重要性を理解しておかなければなりません。この点については、後ほど詳しく説明します。

COLUMN
カスタマージャーニーとプロセス設計

最近、カスタマージャーニーという言葉をよく聞きます。カスタマージャーニーとは、想定される個人（ペルソナ）の動き（行動、思考、感情）を時系列で見える化したもので、直訳すると「顧客の旅」になります。

カスタマージャーニーにより、顧客とのタッチポイントを洗い出せます。すると、適切な場所・適切なタイミングで、適切な情報を伝えられるようになります。

カスタマージャーニーは「顧客が売上に至るまでの一連の行動を可視化する手法」ともいえます。つまり、プロセス設計がベースにあるのです。

カスタマージャーニーが広まっていく中で、せっかく描いたものが絵に描いた餅で終わってしまい、「実務に落とし込めない」「効果がよくわからない」という声を聞くことが増えてきました。

そういう場合は、プロセス設計を通じて数字的な解釈を加えていないケースが大半です。カスタマージャーニーは「顧客の目線でのプロセス設計」といえます。これは重要な考え方で、こちら側の思いだけで設計をしたプロセスはうまく動かないことがあります。

また一方で、「カスタマージャーニーに沿ってどのような形でサポートしていくのか」という業務設計までできていないと、カスタマージャーニーは絵に描いた餅になってしまいます。この業務設計部分の幹となるのが、プロセス設計です。

カスタマージャーニーをサポートする、自社のマーケティングからセールスに至るプロセスを設計することが重要です。そして、どのような指標で成果を測定していくのか、誰が担当し、どのような

コミュニケーションチャネルやデータを活用するのか、という戦術部分の設計が不可欠です（**図11**）。

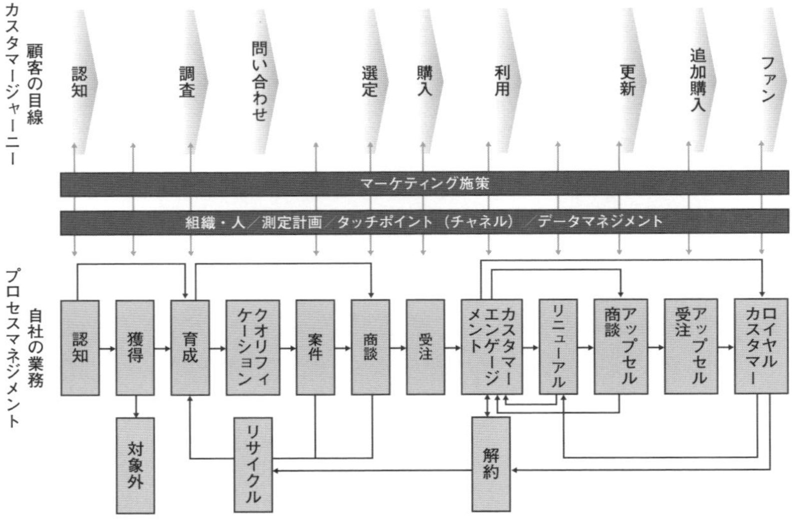

図11：カスタマージャーニーとプロセスマネジメントを組み合わせた例

1-5 | 基本指標は「2種類の顧客数」と「コンバージョン率」

顧客数は2つに分けて考える

　全体プロセスを描いた後は、各プロセスの数値をわかる範囲で加えていきます。顧客数から書き始めるのがよいですが、その際に2つの数字を使います。

　1つは、各プロセスを通過した顧客数である**フロー**です。もう1つは、各プロセスで滞留している顧客数である**残高**です。この2つの指標を設けることで、顧客の流れと、リサイクルできる可能性がある見込み顧客の両方を把握できます。他にもプロセスマネジメントにおいて重要な指標がありますが、それは第3章で解説します。

　前後関係がわかりにくいプロセス設計をしてしまうと、フローと残高の算出が非常に難しくなります。各プロセスは、一連の動きとして見えるように設計しましょう。複雑なものは一見、完成度が高いように見えますが、実際に使えなくては役に立ちません。わかりにくいと感じたら、シンプルにする方がよいです。

コンバージョン率を計算する

　フローと残高の把握ができたら、各プロセスの**コンバージョン率（遷移率）**を計算してみましょう。コンバージョン率は、**何パーセントの顧客が次のステージへ移動したか**、という数字です。本来で

あれば、プロセス間の流入と流出、期間を加味する必要があり、やや複雑な測定と計算が必要になります。

本書ではシンプルにするために、下記の計算式でコンバージョン率を求めます。これでも十分に傾向を押さえられると思います。

> コンバージョン率
> ＝（後プロセスのフロー数／前プロセスのフロー数）× 100

ここまでの指標を、**図12**に記載しました。フローと残高の両方を記載し、成功パス、迂回路、デッドエンドの関係性もわかりやすいように分けています。迂回路のリサイクルは残高としてストックされず、そのまま見込み顧客育成プロセスへ加算されるようにしています。また、デッドエンドは行き止まりなので、残高のみ記載しています。

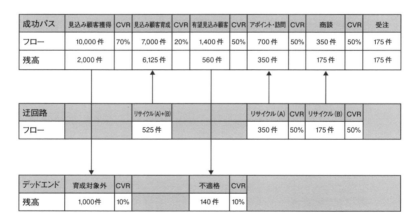

図12：全体プロセスの数値サンプル

見えていない数字を常にチェックする

　プロセス設計の図から、現状は見えていない数値を把握することができます。全体プロセスを把握するうえで、現在見えている数字・見えていない数字を確認しましょう。この段階では、不明な数字はだいたいこの程度だろうという程度で構いません。

1-6 マーケティングプロセスで数字遊びをする

プロセス全体のボトルネックを把握する

コンバージョン率の計算ができたら、当面の目標となる数値を加えてみましょう。**各プロセスに必要な残高数**を把握することができます。

また、プロセス全体の数字を見て、**ボトルネックとなっているプロセスがないか**分析してみましょう。モノづくりの世界でも、このボトルネックの分析に専門のデータ分析チームを置いていることがあります。どのプロセスのボトルネックを排除すれば、どの程度スループットが上がるのか、といった計算やデータ分析を日常的に行っています。コンバージョン率を改善することができれば、マーケティングをより効率的に展開できるポイントはないでしょうか。

ここでは、全体を俯瞰して把握できれば十分です。ボトルネックを改善した場合、どのように数字が変わってくるのか。様々なシミュレーションを行ってみてください。**思いっきり「数字遊び」をすることで、数字感覚を養うことができます。**「こんな数字になれば理想的だなあ」と想像しながら、数字を動かしてみてください。

●コンバージョン率改善のシミュレーション

例えば、以下のコンバージョン率を20%改善した場合のシミュレーションを見てみましょう（**図13**）。

- 見込み顧客獲得プロセスから見込み顧客育成プロセスへのコンバージョン率：70% → 84%
- 見込み顧客育成プロセスから有望見込み顧客プロセスへのコンバージョン率：20% → 24%

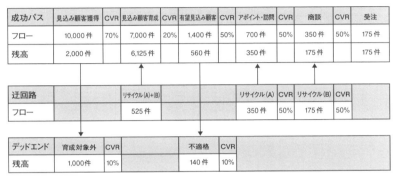

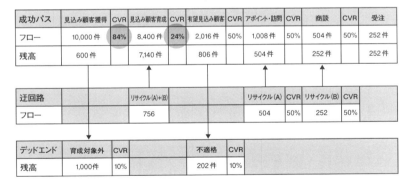

図13：全体プロセスのシミュレーション

　この2つのプロセスを20%ずつ改善すれば、受注件数が約80件増加し、マーケティング効率を大幅に引き上げることができます。

　上記のような数字遊びから、**改善インパクトが大きいプロセス**を見定めて、注力するポイントを絞り込みます。

改善インパクトが大きいものの探し方

●後半プロセスの母数が大きいもの

　注力するポイントを探る際に役立つ考え方として、**後半にあるプロセスで母数が大きいものから着手する**という方法があります。プロセスが後半に進むほど、見込み顧客が自社のサービスに接触した可能性や回数が高まります。ひょっとすると、すでに購入したことがあるかもしれません。つまり自社のサービスや商品に好意を抱いている可能性が高いといえます。

　まずは後半のプロセスから改善することを検討してみてください。ただし、母数には注意します。母数が小さいと改善効果のインパクトも小さいためです。

　図13のように、後半のプロセスのコンバージョン率が良好な場合は、見込み顧客育成プロセスから有望見込み顧客プロセスへのコンバージョン率改善が大きなポイントになります。

●残高が多いプロセスは分割する

　残高が多すぎる箇所については分割することも検討します。例えば、見込み顧客育成のプロセスを3つに分けて、「興味なし」「興味あり」「検討中」というステージを設けてみます。このような分割をする際には、時間軸を活用できます。1週間以内にウェブやメールでなんらかの活動をしているのであれば、今まさに検討している可能性があります。一方で、3カ月以上何の行動も見られないのであれば、興味がない状態と考えられます。

　このような分割をするには、顧客1人1人のウェブやメールの行動を取得しておかなければなりません。現在のマーケティングでは、こういった行動トラッキングができているのとできていないのとで

は、改善ポイントやボトルネックの細分化において大きな差が出てきます。

●作業量に注目

　もう1つの切り口は**作業量**です。ECサイトの運営であれば、決済システムの改修など、あまりにも作業量が大きいものは長期的な課題として取り組まなければなりません。

　また、作業量と期間は密接な関係にあります。改善するためにどのくらいの期間が必要なのか、短期・中期・長期で分けて考えましょう。**ビジネスインパクトが大きく、短期的に改善できそうなものから着手する**のが定石です。一方、インパクトが大きくても、長期的な取り組みが必要になるものに関しては、ロードマップを作成してじっくり改善していく必要があります。

　優先順位の見極めができるようになるためにも、ボトルネックを把握することは大切です。原因の詳細を分析する方法や、改善策を実行プランへ落とし込む方法については後述します。

1-7 コミュニケーションと
チャネル

プロセスを動かすチャネル

●本書におけるチャネルの定義

　モノづくりの世界ではプロセスを前に進めるために、加工や組み立ての作業など、様々な作業カテゴリが存在します。それは人が行うこともあれば、システムやロボットが担うこともあると思います。

　一方、マーケティングではプロセスを前に進めるために「コミュニケーション」を利用します。コミュニケーションにも様々なカテゴリがあり、電話のように人が行うこともあれば、システムが自動的に行うタイプのものもあります。

　本書では、この各種コミュニケーションのことを「チャネル」と呼びます。マーケティングの世界では、チャネルをコミュニケーション・チャネル、流通チャネル、販売チャネルの3種類に分類するのが主流かもしれません。しかし、本書でチャネルという言葉が出てきたら、**「顧客とのコミュニケーション手段」**のことだと考えてください。

●チャネルをマッピングする意味

　企業によっては、チャネルごとに独立したマーケティングチームが存在する場合があるでしょう。例えば、メールマーケティングだけを専門に担うチームや、オンライン広告専門のチームなどに分かれているケースです。

チャネルを全体プロセスにマッピングをしておけば、お互いに関係性を理解でき、目標と責任を共有できます。組織運営も円滑になるでしょう。どのようなマーケティング活動においても、各チャネルが全体プロセスの中のどの部分で貢献しているのか、理解しておく必要があります。

############################ **COLUMN** ############################

マーケティングでよく用いられるチャネルの分類

##

本書の内容からは外れますが、参考までにマーケティングでよく用いられる各チャネルの定義を下記に記します。

コミュニケーション・チャネル

顧客とのコミュニケーションに用いられる、新聞、雑誌、テレビ、ラジオ、手紙、電話、ウェブなどのことです。

流通チャネル

購買者に製品の実物やサービスを見せたり届けたりするチャネルです。流通チャネルには、問屋や運輸機関のほか、取引チャネルとしての流通業者、卸売業者、小売業者が含まれます。

販売チャネル

購買者への製品の販売を行うチャネルです。小売業者のほか、Eコマースなどもこれに含まれます。

プロセスごとにチャネルを整理する

ここからは、チャネルを全体プロセスにマッピングした例を見てみましょう。**図14**をもとに説明していきます。

認知拡大と見込み顧客獲得のフェーズでは、展示会やオンライン広告、SNSが利用されています。その後、セミナーやメールマガジンなどを活用して、見込み顧客を有望見込み顧客に育てています。

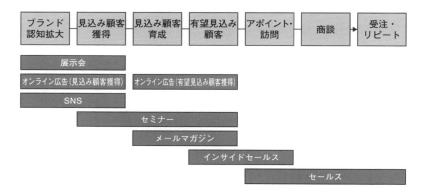

図14：チャネルのマッピング

●プロセスでチャネルを見る利点

このようにプロセスごとに利用されているチャネルを整理していきます。その際に意識してほしいのが、**「各チャネルがプロセス間でどのように貢献しているのか」**という点をはっきりさせることです。

オンライン広告であれば、認知拡大プロセスから新規見込み顧客プロセスをつなぐ役割として機能しています。プロセス内での役割としては、新規見込み顧客の獲得がゴールになります。

獲得した見込み顧客が受注まで至ったかは気になりますが、ここ

ではプロセス内の役割だけを整理します。これはトラッキングしないという意味ではなく、あくまでもチャネルの役割を明確にすることが目的ということです。

さらにもう1つ理由があります。オンライン広告のゴールを受注としてしまうと、B to B など高額商材かつ人的販売が絡むビジネスの場合、ゴールの母数がかなり小さくなる可能性があります。ゴールの母数が小さすぎると、評価する際に比較が難しくなります。

また、受注までの期間が長期化することで、改善のアクションを取るのが遅れるかもしれません。**中間指標にゴールを置くことで母数が増え、比較がしやすくなり、短期的に改善しやすい**というメリットがあります。

●プロセスを横断するチャネルの注意点

オンライン広告やSNSなど、**プロセスを横断して利用しているチャネルでは、プロセスごとに目的が異なる**ケースがあると思います。例えば、新規見込み顧客を獲得する目的で利用されている場合と、見込み顧客の育成を目的としている場合ではゴールが異なるはずです。

そのようなときは、同じオンライン広告でも別のチャネルとして管理するようにしてください。

1-8 チャネル内のプロセスを設計する

チャネルのマッピングを終えたら、チャネルごとにプロセスを考えましょう。これを行うことで、作業レベルの改善策までかなり具体的に見えてきます。

ゴールから考える

まずは、**チャネルごとのゴール**を設定します。ECサイトの運営を例に挙げると、オンライン広告の目的は見込み顧客の獲得ではなく、商品購入です。先ほどと違うことを言っているようですが、ECサイトのオンライン広告では、短期的に商品購入のプロセスまで進む可能性が高く、比較できる母数も確保できるためです。

そして、商品購入に至るまでのプロセスとして、「オンライン広告をクリックする→サイトへ訪問する→サイトを回遊する→カートへ商品を入れる→決済する」というように、ゴールまでのプロセスを定義します（**図15**）。

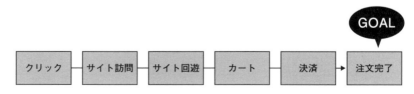

図15：チャネル内のプロセス設計（ECサイトの例）

チャネルのプロセス改善の考え方

　各マーケティング施策を評価する際は、チャネルごとに同一の評価指標を持っておくと、どの施策が効果的に働いたかを評価しやすくなります。

　例えば、工場内である組み立ての作業カテゴリがあり、4名の作業員が同一の作業をするとします。組み立ては主にAからDまでの4つのプロセスを順番に行うとしましょう。プロセスDまで進んだら、次の作業プロセスに引き渡されます。プロセスDに30個進めるのが目標となります。このプロセス内のフローと残高をまとめると、**表3**のようになります。

表3：工場内での組立作業結果

作業員		プロセスA	CVR	プロセスB	CVR	プロセスC	CVR	プロセスD
山田太郎	フロー	100個	90%	90個	90%	81個	80%	65個
	残高	10個		9個		16個		65個
鈴木花子	フロー	100個	90%	90個	90%	81個	40%	32個
	残高	10個		9個		49個		32個
佐藤敏夫	フロー	150個	90%	135個	80%	108個	30%	32個
	残高	15個		27個		76個		32個
丸井達郎	フロー	100個	20%	20個	10%	2個	0%	0個
	残高	80個		18個		2個		0個

CVR＝コンバージョン率

　最も作業効率がよいのは山田さんということがわかります。鈴木さんと佐藤さんも目標を達成していますが、プロセスCで作業が停滞しています。鈴木さんと佐藤さんには、山田さんの行っているプロセスCの作業を勉強してもらうか、山田さんに作業マニュアルを見直してもらうなどすると改善できそうです。

　また、次のようなケースも考えてみましょう。鈴木さんか佐藤さ

んを別の作業へ異動させないといけなくなり、どちらを残すか選ばなければなりません。表をよく見ると、佐藤さんは同じ作業をしている他の人に比べ、多くの個数をこなしています。このことから、プロセスCが改善した場合によりよい結果を残せる可能性が高いのは佐藤さんだとわかり、残すべきだと判断できます。

　マーケティング施策も同様で、同じカテゴリであれば同一のプロセス設計を行い、進捗を数字で評価する必要があります。

例) 改善すべきメールマガジンを見つけたい

　ここでマーケティングの例を考えてみましょう。メールマガジンの評価指標を、以下のように設定したとします。

　①配信
　②開封
　③クリック
　④CV（ゴール）

　ゴールであるCVはキャンペーンの申し込みなど、オンラインのフォーム入力とします。メールマガジンを4回配信した結果は、**表4**のようになりました。

表4：メールマガジンの配信結果

作業員		配信	CVR	開封	CVR	クリック	CVR	CV
メールマガジンA	フロー	10,000件	30%	3,000件	30%	900件	10%	90件
	残高	7,000件		2,100件		810件		90件
メールマガジンB	フロー	10,000件	30%	3,000件	30%	900件	3%	27件
	残高	7,000件		2,100件		873件		27件
メールマガジンC	フロー	10,000件	30%	3,000件	30%	900件	3%	27件
	残高	7,000件		2,100件		873件		27件
メールマガジンD	フロー	10,000件	10%	1,000件	10%	100件	0%	0件
	残高	9,000件		900件		100件		0件

　メールマガジンの中で最も効果を発揮したのは、メールマガジンAです。BとCは、Aほどではありませんが、メール内のリンクをクリックしてもらうプロセスまで進んでいるので、Aが誘導した先のウェブページを参考に見直しできそうです。メールマガジンDは抜本的な見直しが必要でしょう。

　このように、チャネルを整理したうえで、チャネル内のプロセスを分解し、同一の指標で施策を評価できるようにするのが大切です。

「プロセス＞チャネル＞施策」の関係で考える

　これまで説明した通り、マーケティングを大きく分類すると全体プロセス、プロセスごとに利用されているチャネル、チャネル内の施策という3つに分けられます。この関係を常に意識しておく必要があります。

　これができていれば、各施策が売上と連動する姿が見えます。「メールのクリック率を上げれば、そのチャネル経由の売上も伸ばせる」というような説明ができるようになります。

　この状態になれば、担当者は会社の成長に貢献していると堂々と

言えますし、モチベーションも上がります。一方でプレッシャーも増すでしょうが、評価されない仕事をするのとはやりがいが違います。単発的・断片的な施策を行っていては、これらのことが見えません。

「プロセス＞チャネル＞施策」の関係を理解し、各施策を評価できることがマーケティングを行ううえでは絶対条件といえるのです（図16）。

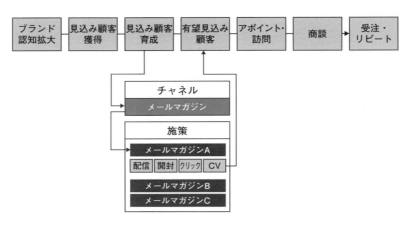

図16：全体プロセス＞チャネル＞施策の関係

1-9 業界別のプロセスモデルを理解する

　本項では、これまでのプロセスマネジメントの方法論をB to B以外のマーケティングに当てはめてみます。ビジネスモデルが異なっても、考え方は同じです。3つのビジネスモデルにおけるプロセスモデル、チャネルのマッピング、チャネル内のプロセス事例を紹介します。

ECサイト

　ECサイトはオンラインで完結するビジネスなので、ブラックボックス化するプロセスが少なく、各プロセスの数字も収集しやすいため、プロセスマネジメントが容易なビジネスモデルです（**図17**）。実際、ECサイトの担当者は数字で説明することに慣れている人が多いです。

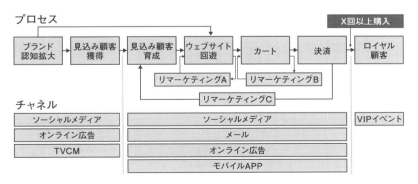

図17：ECサイトのプロセスモデル

また、ECサイトは競争が激化し、ビッグプレイヤーも存在するので、オンライン広告のROAS*が低下して、ビジネスモデルが成立しなくなってきたという声を最近よく聞くようになってきました。そこで、下記のような複数の迂回ルートを設計して、プロセス間のコンバージョン率向上に注力する企業が増えています。

・ウェブサイト回遊だけ行い、商品をカートに入れなかった場合
・カートに入れたけれど、決済までは行わなかった場合
・リピート購入を促進

ROASを高めるためには、プロセス間のコンバージョン率の改善と、リピート購入の促進が不可欠です。オンライン広告やウェブサイト自体の改善はもちろんですが、複数チャネルからの動線設計、すなわちリンクの構築に注力する企業が増えています。

リマーケティングでは、サードパーティCookie*の利用規制が高まり、オンライン広告だけでなく、メールやモバイルアプリなど複数のチャネルを活用して、リマーケティングを行う企業が増えてきています。

不動産販売・自動車ディーラーなど来店型のビジネス

B to Bのマーケティングと非常に近いモデルです。訪問して販売

＊ROAS（ロアス）：Return On Advertising Spend の略で、オンライン広告費用1円あたりの売上効果を算出する。利益とコストを比較して費用対効果を可視化するために利用される指標。
＊サードパーティ Cookie：サイトのドメイン外のサーバーによって設定された Cookie のこと。近年はプライバシーの問題で、サードパーティ Cookie の利用が規制される動きが出ている。

する場合は、ほぼ同じというケースもあります。マーケティングは来店を目標にすることが多いですが、来店後のフォローアップもあわせて担うケースも増えています（**図18**）。

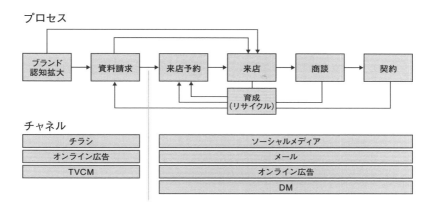

図18：不動産・自動車ディーラーなど来店型のビジネスでのチャネル内のプロセスモデル

　このモデルではファストパスが多く設計されます。検討期間はBtoBより短いケースが多く、短期決戦となりやすいため、瞬間をとらえてフォローアップするような仕組みを導入する企業が増加しています。ウェブサイトへの訪問があったら、コールセンターにメールで通知がされるような仕組みです。サイト閲覧者とCookieを紐付けて行動をトラッキングできる機能を、マーケティングオートメーションなどのシステムが提供しています。

　幅広い年齢が対象となるケースが多いので、チャネルはオンラインとオフラインの両方を利用します。DMなどの活用にも積極的な企業が多いです。どうしてもオンラインのマーケティング施策の方がわかりやすい数字を取得できるので、オンラインに予算が偏るケースがありますが、全体プロセスをしっかりとマネジメントできていれば、オフラインのマーケティング効果も測定できるようにな

ります。このあたりは、後ほど詳しく説明します。

最近は、契約後のアップセル*／クロスセル*を狙ったマーケティングに注力する企業も増えつつあります。アップセル／クロスセルのためには、契約後のリマーケティングの仕組みをしっかりと設計し、追加の商品提案をできるようにコミュニケーションします。

保険でいえば、生命保険に加入した顧客へ自動車保険を提案するようなことです。不動産を例にするなら、顧客の子供の年齢をデータとして保持していれば、将来的に間取り変更などの提案ができるかもしれません。そうしたタイミングを逃さないために、マーケティングによってコミュニケーションを継続していきます。

会員・メディアビジネス

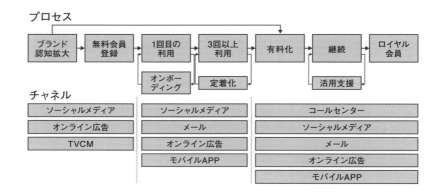

図19：会員・メディアビジネスでのチャネル内のプロセスモデル

　＊アップセル：ある商品の購入を検討している顧客に対して、価格や利益率がワンランク上の製品を提案することで売上向上を目指すこと。
　＊クロスセル：ある商品を購入した、または購入しようとしている顧客に対して、別の商品をすすめる手法。関連性が高い商品や、同時に購入すると割引になるような商品をすすめることが多い。

会員ビジネスはなんといっても複数回の利用と継続が重要です。会員サイトを運営している場合は、頻繁に利用されるようにプロセスを設計する必要があります。

　もし途中のプロセスで離脱するユーザーがいれば、リマーケティングをして再度成功パスに戻ってもらうために迂回路の設計が重要です。会員登録から1回も利用せずに非アクティブになってしまうユーザーもいるような世界なので、利便性を感じてもらい、頻繁に利用してもらうためのプログラムの開発に各社注力しています。このような定着化の取り組みは、ユーザーオンボーディングとも呼ばれます。特に、会員登録初期のマーケティング活動は極めて重要といわれています。

　また、無料でユーザーを集め、有償化していくというプロセスも多く見られます。フリーミアムモデルともいいますが、有償の顧客をいかに継続的に保持していくかが非常に大切です。そこで、後半のプロセスでは、コールセンターやカスタマーサポートによって顧客をフォローする仕組みも必要です。このようなカスタマーサポートを支援する仕事も、マーケティングに期待されています。

COLUMN
マーケティングオートメーションとは？

　全体プロセスをマネジメントして、各プロセスの遷移を自動化させるワークフローを提供しているのが、マーケティングオートメーションです。「オートメーション」という言葉の定義をきちんと理解することで、より効果的にシステムを利用することができます。

　マーケティングオートメーションの「オートメーション」は、ファクトリーオートメーションから強く影響を受けています。モノづくりの世界では、製品出荷に至るまでのプロセスを次のようにマネジメントしています。

・前工程は、各プロセスを進めて品質の高いパーツを後工程に引き渡す
・後工程は、受け取ったパーツを組み立てて商品に変えるために各プロセスを進める

そのプロセスの最適化として、次のようなことをしています。

・自動化：製造工程の各プロセスでは、"オートメーション"化を目指しロボットを開発する
・検品：前工程は、品質の高いパーツを後工程に引き渡すために検品を行う
・プロセスマネジメント：プロセス全体および各プロセスのボトルネックを発見し、改善を繰り返す。または、各作業カテゴリ内のボトルネックを発見し、改善を繰り返す。

これをマーケティングに置き換えると、プロセスマネジメントは次のようになります。

・マーケティングは、各プロセスを進め、有望なリードをセールスチームに引き渡す。
・セールスは、受け取ったリードを売上に変えるためにプロセスを進める。

そのプロセスの最適化として行うことは、次のようになります。

・自動化：マーケティング施策の"オートメーション"化を目指しワークフローを構築する。
・スコアリング：高い品質のリードをセールスに引き渡すために、リードをスコアリングする。
・プロセスマネジメント：プロセス全体および各プロセスのボトルネックを発見し、改善を繰り返す。または、チャネル内のボトルネックを発見し、改善を繰り返す。

このコンセプトを正しく理解していないと、「マーケティングオートメーションはコミュニケーションを自動化する」と解釈してしまいます。それはあくまで機能の話で、その前提としてプロセスマネジメントの考え方がないと、自動化の意味を誤解してしまいます。

マーケティングツールを使いこなすためにも、プロセスマネジメントの理解を深めるのは非常に重要だといえます。多くのツールは数字指向でマーケティングを実行するために、データマネジメントの機能やレポート機能を提供しています。それを使いこなすことができないと感じるのは、プロセスマネジメントができていないこと

1
-
9

業界別のプロセスモデルを理解する

077

に原因があります。

　マルケトのツールには、「収益サイクルモデル」と「サクセスパスアナライザー」いう機能があります（**図20**、**図21**）。これはまさに、自社のマーケティングから売上に至るまでの全体プロセスをシステムにインプットし、可視化する機能で、高度なマーケティングのプロセスマネジメントの実現を支援しています。マーケティングオートメーションが「統合マーケティング支援ツール」と呼ばれることがあるのは、このように全体プロセスをマネジメントできるからです。

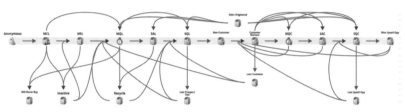

図20：マルケト収益サイクルモデル

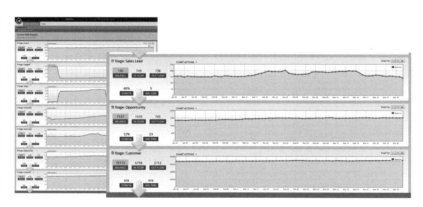

図21：ボトルネック分析を支援するサクセスパスアナライザー

第**2**章

収益プランを考える

2-1 マーケティングの収益プラン

収益プランはマーケティングの価値を示すこと

　マーケティング施策を検討する際には、全体プロセスから設計していくことが重要であると前章で説明しました。

　マーケティングの役割は会社の成長に貢献することです。すなわち**マーケティングで収益を上げる**ことになります。通常、どのような業務でも予算が決まっているでしょう。もちろん、マーケティングでも同様です。マーケティング予算をいかに有効活用して、会社の成長に貢献できるか。これがマーケティングの存在価値になります。

　では、マーケティングのプランニングは何から始めるとよいでしょうか。それはマーケティングにおける収益貢献の目標を決めることです（**図1**）。当然ながら目標がないと、成功しているかどうかの判断が難しくなります。

図1：マーケティングのプランニングはビジネスゴールから

ECサイトのように対面のセールスがないビジネスモデルの場合は、マーケティングの収益測定は容易です。一方、対面のセールスが絡むビジネスだと、「収益はセールスが作るもの」と思われがちです。マーケティングがセールスの補助的な役割として扱われてしまうと、見込み顧客の獲得だけが重要な指標とされ、それが収益に変わったのかどうかをトラッキングしていないようなケースもあります。

このような状態では、真っ先にコスト削減の槍玉に挙げられるのはマーケティング予算です。理由は単純で、経営層にとってマーケティングと収益の関係が見えづらく、その重要性を実感しにくいからです。「オンライン広告にお金をかけるより、セールス担当者1人1人がもっと"気合い"を入れてがんばった方がよいのではないか？」「一件あたりの見込み顧客の獲得にそんなにコストがかかるのか？」と言われたことがある人もいるかもしれません。

マーケティングはコストセンター？

なぜマーケティングとセールスにこのような違いが生じるかというと、セールス（担当者）には必ず受注金額の目標があり、非常にわかりやすく収益と連動して見えるからです。この場合、マーケティングはセールス活動を補助するコストという見え方をしますから、コスト削減の槍玉になるわけです。

一方で、マーケティング担当者は自分たちの活動が収益に貢献していると信じて、その効果を説明しなければなりません。この説明をする際に、**経営層が本当に見たい数字**を使って話ができているでしょうか。マーケティングが会社を成長させるドライバーとして見られるか、コストとして見られるのかの大きな分かれ目です（**図2**）。

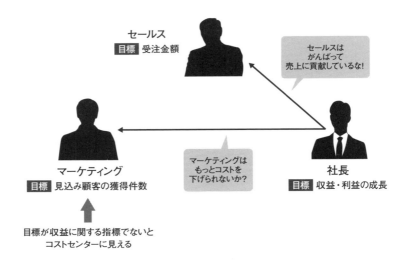

図２：経営層から見たマーケティングはコストセンター？

購買の意思決定はマーケティングが7割

　実際のところ、消費者が事前の情報収集をオンラインで行い、ソーシャルメディアでつながり情報をシェアする現代では、**購買における意思決定の70％はマーケティングフェーズで決まっている**といっても過言ではありません。マーケティングが企業の成長ドライバーとして機能することは間違いないのです。せっかく会社に貢献しているのに認められないのは、とてももったいないことです。ぜひ収益に目標を持ち、その貢献を証明していきましょう。

　次項からは、収益目標を持ったマーケティングプランの作成方法を説明していきます。

2-2 | 収益プランを示す目的

見えづらいマーケティングと収益の関係

　ところで、マーケティング予算が10％増加すると、どの程度利益が増加するかご存じでしょうか？　これに答えられなくても、今は心配する必要はありません。実際にLenskold Group社が実施したマーケティングROI調査によると、この質問に対して最も多かった回答は「わからない」でした。

　経験豊富なマーケティング担当者の44％は、予算の増加が自社にどんな結果をもたらすか説明できないのです。しかし、マーケティング成果に関する説明責任は年々重くなっています。この説明ができないと、予算の確保に苦労することになるでしょう。

　「顧客のニーズは理解している。このクリエイティブは必ず顧客に響く！」「過去の経験から考えても、結果は出るから信じてくれ！」と声高らかに叫び続けても、理解を得ることはできません。さらに、「さあ、これらの表とグラフをご覧ください！」とウェブサイトのページ閲覧数からプレスリリースのダウンロード数、そして検索エンジンのランキングまで、様々な数字を成果として報告しても、経営層からの理解は得にくいものです。

　「数字で説明しているのに、なぜ？」と思った人がいるかもしれません。確かにこれらの指標は重要ですが、**収益との明示的な関係性**を欠いている場合があるのです。

例えば、「今月はメールの開封率が20％向上しました！」といった成果発表の資料を見ることがあります。これでは、マーケティングの担当者以外にとっては「へー、すごいね。それで？」という程度の感想しか抱けないのは必然です。それがどう売上に関係しているのかが、周囲にはまったく理解できないからです（**図3**）。

図3：経営層とマーケティング担当者の指標にギャップがある

このような説明を繰り返していると、マーケティングは収益を生み出す資産ではなく、コストセンターであるという認識が強化されることになります。マーケティングチームにとっては努力して得た成果なので、「上は私たちの努力を認めてくれない」とモチベーションが下がってしまいます。

「なんとなく」の数字が通用する時代ではない

　しかし、ここで愚痴をこぼしている場合ではありません。逆にいえば、収益とマーケティングの関係性を明示するだけで、このようなことは起きないからです。

　また、マーケティングの収益への貢献を明確にすることに対して、恐れを抱いている人もいます。「もしマーケティングが収益に貢献していなかったら……」という恐怖です。収益に目標を据えるということは、大きな数字責任を負うことになります。諸刃の剣といえるかもしれません。しかし、なんとなく数字を見せて予算がもらえる時代はもう終わったと考えましょう。

　マーケティングの収益への貢献が証明できれば、コストセンターという認識が改められ、投資が正当化され始めます。ここで必要なのは、「経営層にとって大切な指標」に結び付く指標を測定し、予測することです。

　それでは、マーケティングの収益プランの作成に移りましょう。

2-3 収益プランを作成する

　本項では、マーケティングが会社の成長に貢献するための、**収益のプランニング**について説明します。これはマーケティングの存在意義でもあり、マーケティングチームが目指すべきゴールでもあります。このプランニングがあることで、会社はマーケティング予算を検討できます。

マーケティングと財務指標

　マーケティング以外の部門や経営層は、マーケティング担当者が追跡する多くの指標を気にも留めていません。関心を寄せているのは、収益と利益成長が中心です。

　収益と利益に直接影響する財務指標をマーケティング部門の視点から解釈すると、主に2つのカテゴリに分けられます。

・**収益指標**：マーケティング全体の収益への貢献
・**マーケティング施策指標**：個々のマーケティング施策の収益への貢献

　マーケティング指標はこの他にもたくさんありますが、それらが収益にどう貢献しているのか説明できるでしょうか。

　例えばFacebook の「いいね」の数、ウェブサイトや展示会の訪問者数などは、母数が大きく、数字を上げていくことが容易です。

しかし、それが収益とどう関連したかを示せないようであれば、経営層にとっては「参考情報」に過ぎません。

誤解しないでもらいたいのは、「マーケティングにとって重要な指標が、経営層にとっては重要でない」ということではないということです。結果的に収益に結び付くことがわかれば、重要な指標であると認識してもらえるでしょう（図4）。

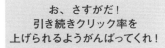

図4：指標を相手に合わせると理解を得られる

指標を意味のあるものにする

なぜ上記のような話をしたかというと、指標の取り扱いには注意が必要であることを示したかったからです。マーケティング指標には何百もの種類があり、マーケティングチームがそれぞれの指標を追うことには意味があります。

しかし、前述のような「経営層や他部署に理解してもらいにくい数字」がたくさん存在しています。

他にも、収益や利益の測定が難しい場合は、たいていそれらの数字の代わりになりそうな指標を使うことになります。仕方がない事情があるにせよ、経営層に「これは財務指標を正確に反映する指標なのか」という疑問を抱かせる可能性があります。なぜ代わりにその指標を使っているのか説明できないと、マーケティングへの信頼を落とすかもしれません。

このようなケースでは、十分な根拠や統計的な分析も含めて、相応の準備をしておく必要があります。

量ではなく質にフォーカスする

繰り返しになりますが、マーケティング担当者が成果の指標としてよく活用するのは、見込み顧客の獲得数です。しかし本当に大切なのは、その見込み顧客からいくらの収益を上げたかという点です。

品質の測定もせずに数量にフォーカスすると、最初は見栄えがよくても、最終的には数量だけを目的とした意味のない広告活動へ舵を切らせることがあります。多額な懸賞付きの広告を実施し、商品に興味のない見込み顧客を大量に獲得しても、セールスチームに混乱を招くだけの結果となるかもしれません。

「2-4　全体プロセスと収益プランの関係性」の項で詳しく説明しますが、見込み顧客の獲得数や獲得コストだけ見ていては不十分です。見込み顧客1件の獲得価値、すなわち収益との関連性をしっかりチェックしましょう。**1件の獲得価値が向上すれば、そんなに数量はいらないのです**（**図5**）。

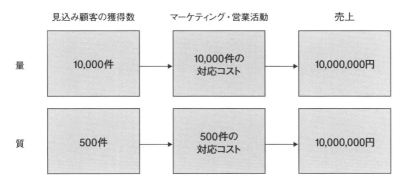

図5：量より質にフォーカスした方がより高い利益を出すことができる

マーケティング活動は売上になるまでが長い

　これまで成果の測定が重要だと述べてきましたが、実際には測定が難しいものも多いです。

　例えば、あるイベントを開催して3,000名が参加したとします。間接的になんらかの収益に貢献したと思われますが、このイベント単体で成果を見てしまうと、収益との関係が見えにくいといえます。活動自体は測定できるのに、その先がよくわからないという事象が起こります。

　対照的に、対面の絡むセールス活動は、その活動を指標化して測定するのは難しいものです。しかし、セールスの成績は容易に測定できます。収益と結び付く指標として、これ以上わかりやすいものはありません。

また、マーケティング活動から売上に変わる期間と、セールス活動から収益に変わる期間にも違いがあります。

セールス活動は全体プロセスの最終工程に近いところですから、収益に変わるまでの期間が短くなります。一方でマーケティング活動は全体プロセスの前半にあるので、収益に変わるまでの期間が長く、途中で流れを追いにくくなってしまうことがあります。この時間軸の違いが、収益との関連性を不透明にする要因の1つなのです。

構造的な話として、セールスが収益に対する功績を認められやすく、マーケティングはコストとみなされやすいのは仕方がない部分があります。マーケティング担当者は、この点をリスクとして意識しておく必要があります。もちろん、全体プロセスを定義し、プロセスマネジメントをしっかり行っておけば、このような事態は避けることができます（**図6**）。

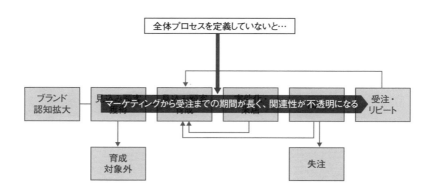

図6：マーケティングは受注までの期間が長い

コスト削減を指標にするのは避ける

　明確に使用を避けた方がよいタイプの指標もあります。1つ問題を出しましょう。見込み顧客の質を改善し、獲得単価の削減にも成功したとします。この成功を経営層に報告しましたが、追加のマーケティング予算は獲得できませんでした。なぜでしょうか？

　答えは、「獲得単価が減少したのであれば、より少ない予算で同じ成果を出してくれる」と経営層が判断したからです。ではなぜ、このようなことが起きてしまうのでしょうか。

　それは、数字として見える成果が「獲得単価の削減」の部分だけだからです。これでは予算削減のために報告したようなものです。ここに最終的な収益の説明が入っていれば、追加の予算を得られたかもしれません。この状況で収益によい効果を与えていないはずはなく、予算が減ってしまうのは非常にもったいないといえます（図7）。

図7：コスト指標にフォーカスするとコストのかかる業務と認識される

収益プランにおいて適切な指標

　さて、適切な指標とはどのような指標でしょうか。経営層が最も
関心の高い指標は、売上、利益率、利益、キャッシュフロー、株主
価値などの**財務指標**です。マーケティング担当者としても、財務指
標には敏感でなければなりません。

　前述の2つの財務指標カテゴリを振り返っておきましょう。

　・**収益指標**：マーケティング全体の収益への貢献
　・**マーケティング施策指標**：個々のマーケティング施策の収益へ
　　　　　　　　　　　　　　　の貢献

　2つのカテゴリにマーケティング指標を分類すると、**表1**のよう
になります。

表1：財務指標のカテゴリに分類したマーケティング指標

財務指標	マーケティング指標
収益指標	マーケティング活動の収益貢献
	マーケティング活動の利益貢献
	マーケティング活動のROI
	見込み顧客の獲得数
	有望見込み顧客の獲得数
	商談化率
	商談数
	受注率
	受注数
	受注平均単価

マーケティング施策指標	各チャネルおよび施策別の収益貢献
	各チャネルおよび施策別の利益貢献
	各チャネルおよび施策別のROI
	見込み顧客の獲得に貢献したチャネルおよび施策
	有望見込み顧客の獲得に貢献したチャネルおよび施策
	商談化に貢献したチャネルおよび施策
	受注に貢献したチャネルおよび施策
財務指標ではないもの（参考情報）	見込み顧客データ数
	ウェブサイトのトラフィック数
	facebookのいいね数
	ブログの購読者数
	メールマガジンの購読者数

これらの指標は決して種類が多ければよいというものではなく、収益への関連性を示せる重要な数字を慎重に選ぶ必要があります。

経営層の関心が高い**収益**、**利益**、**ROI**を中心とした指標から各指標を分解していることがわかれば、単なるマーケティング指標から会社にとって重要な指標へと変貌を遂げます。

マーケティングにおけるROI（Return On Investment）とは？
　ここではマーケティングの投資対効果のこと。費やしたコストから、どの程度のリターンが得られるかを計算する際に利用され、以下の計算で表現される。

ROI＝利益／コスト（投資額）

ROI モデルを考える

●成果進捗は ROI で示す

　読者の皆さんの中に、次のような経験がある人がいるかもしれません。経営層や上司から「マーケティングの成果進捗を報告して」と突然言われ、本来は別の分析のために投入するはずだったリソー

093

スをレポート作成にあてることになり、結果としてマーケティング活動の改善ができず、重大な機会損失が生じるような事態です。

しかも、時間をかけてレポートを作成したにもかかわらず、経営層は釈然としない様子で、また追加の指示が出て、あらためてそれらしいレポートを作成する……そんなこともあったかもしれません。

もうおわかりかと思いますが、経営層にとって重要な指標で説明ができていれば、このようなことは起こらないはずです。もう一歩踏み込むと、収益、利益、ROIのプランをもともと作成していれば、それに沿って進捗を報告するだけで済む話です。こういったプランがないと、それらしい数字を集めるところから四苦八苦しなければなりません。

このような状況を脱するためにはまず、計画ベースで期待される結果や、ROIのゴールを数値化し、合意しておきます。そして、説明可能な計算モデルを構築する必要もあります。

最初のうちは、あくまで推測で数値を設定して構いません。ただし、予測されるリスクや、ワーストケースとベストケースなど複数のケースを想定してプランを練る必要があります。

● ROIのゴール

ROIのゴールを設定するにはまず、割り当てられた予算から、マーケティング活動でどのくらい収益に貢献するかを決めます。そして、ROIは何パーセントを目指すのかを検討します。そのためには仮説を立案し、ROIのシナリオを作成することになります。

マーケティング活動を計画する際に、**最初からROIを考慮に入れてプログラムを立案していく**ことが重要です。ゴールである収益部分にフォーカスし、マーケティングプランを組み立てていくことが重要ということです。

ROIでマーケティングの成果や進捗を示せれば、経営層の関心は必然的に高まります。ROIを向上させることにフォーカスすることで、経営層も一緒に方策を考えてくれるかもしれません。相手を動かすことができる、理想的な報告になるのです（**図8**）。

収益指標から報告する理想的な形

図8：理想的な報告

●ROIモデルの例

　表2は、基本的なROIの計算例です。左側がコスト、右側が売上・利益の目標となっており、最後にROIが算出できるようになっています。

　企業によっては、人件費や旅費をマーケティングROIの計算に含めないことがありますが、筆者はある程度コストに加えておく必要があると思っています。なぜなら、例えば人件費を加えておくと、多くの見込み顧客を獲得できるがコンバージョンにはつながらないようなプログラムに、マーケティングチームが時間を浪費することを避けられます。人件費や旅費はそれなりの金額になるので、それによってROIがマイナスに転じる可能性は十分にあります。

　ざっくり数字を認識できる程度で構いません。人件費は1人あたり1日いくらくらいで、10人×2日だといくらのコストになる、という程度で十分です。1人1人の給与を調べるような厳格さは必要ではありません。

表2：基本的なROIの計算例

マーケティング支出	コスト	マーケティング効果	成果
広告	2,000万円	見込み顧客数	1,000件
育成プログラム開発	200万円	受注へのコンバージョン率	5%
コンテンツ制作	100万円	受注数	50件
システム利用費用	300万円	平均受注単価	200万円
人件費	200万円	収益	1億円
		粗利率	35%
マーケティング総コスト	2,800万円	粗利益	3,500万円
		ROI	25%

　さて、本章で出した質問の答えをもう一度考えてみましょう。マーケティング予算を10%増やしたら、利益はいくら増加するでしょうか？

　ここまでの内容から、きっと答えられるはずです。ROIの計算モ

デルが作成できれば、通年のマーケティング目標も設定できますし、マーケティングキャンペーンごとの目標設定も同様に行うことができます。粒度は、多少マーケティングキャンペーンの目標設定の方が細かくなると思いますが、基本的な考え方は同じです。

2-4 全体プロセスと収益プランの関係性

収益プランの重要性と考え方を説明してきました。ここからは、**プロセスマネジメントと収益プランの関係性**について解説します。プロセスと収益を結び付けて考えられるようになると、マーケティング全体のイメージやストーリーが見えてきます。

プロセスマネジメントで収益を改善する

●ROIからコストの上限を計算する

1つの事例として、資料請求の獲得を起点とし、来店型でセールス活動を行うビジネスモデルをサンプルに説明します。今回は、通年でのマーケティング予算と、その投資先について検討してみます。

今回のマーケティングの売上目標が10億円だとします。平均受注単価を1,000万円とした場合、必要な受注件数は100件となります。ここでの平均的な粗利益を30%程度と仮定すると、粗利は3億円ほどになります。マーケティングチームの人件費は5,000万円を見込んでいます。

今回のROIは、シンプルに**図9**のように計算します。実際には、会社と合意したROIの計算モデルを利用します。

図9：ROIの計算モデル

ROIの目標を20%とすると、下記のような計算になります。

粗利3億円－（マーケティングコスト＋人件費5,000万円）／（マーケティングコスト＋人件費5,000万円）＝20%

すると、マーケティングコストの上限は2億円程度と考えられます。

●フロー数とリード獲得コストを計算する

上記をもとに、資料請求の獲得から受注までのプロセスにおける、コンバージョン率から各プロセスの必要フロー数を見てみます（**図10**）。

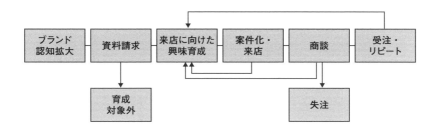

図10：資料請求の獲得を起点とし、来店型でセールス活動を行うビジネスモデルにおける全体プロセスのフロー数とコンバージョン率の例

これで、各プロセスに必要な件数が見えてきます。資料請求の獲得にすべてのコストをかけられるのであれば、合計で1万2,500件なので、1件あたりの新規リード獲得に16,000円まで使えます。

● コンバージョン率改善の試算をする

しかし、前述の通り、獲得して終わりだと後プロセスのコンバージョン率が低下し、獲得コストが上がってしまいます（**図11**）。そこで、コンバージョン率が改善できそうなプロセスへの投資を計画しておく必要があります。

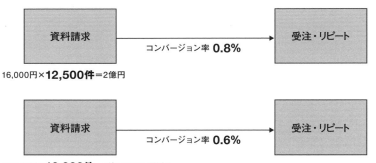

資料請求から受注までのコンバージョン率が0.2%低下すると
獲得が必要な資料請求件数が4,000件以上増加する

図11：わずか0.2%のコンバージョン率低下でも獲得が必要な資料請求件数を大幅に増加させる

資料請求獲得から受注に至るコンバージョン率を0.2%改善できそうであれば、必要な新規獲得数は1万件となり、2,500件の削減となります。仮に新規獲得の平均単価が16,000円なのであれば、4,000万円ほどのコストが余剰分として発生します（**図12**）。

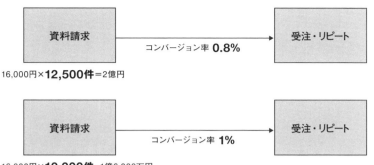

図12：わずか0.2%のコンバージョン率向上でも獲得が必要な資料請求件数を大幅に削減できる

　この計算から、コンバージョン率の改善には投資する価値があると考えられます。このように各プロセスにかける予算と目標を設定していきます。

　各プロセスの見込み顧客は、将来的な価値があります。例えば、新規獲得した資料請求見込み顧客が1%の確率で売上に至る場合、100件の受注に必要な新規獲得件数は1万件となります。

　100件の受注から粗利益を3億円生み出すと考えれば、1件あたりの資料請求には3万円の将来価値があるとみなすことができます。

　もちろんコンバージョン率が低下すれば、必要な獲得件数が増加します。すると、資料請求1件あたりの将来価値が下がりますね。大切なのは、**量より質**にフォーカスすることであり、その基準となるのがプロセス内のコンバージョン率です。コンバージョン率が低下すると、あっという間に赤字に転じることがあることを認識しておくべきです。

●ROIから見えるビジネスの先行指標

ROIがマイナスに転じないよう、各プロセスのコンバージョン率は注意深くウォッチしていく必要があります。

もし、新規獲得件数が目標に達していなければ、どうなるでしょうか？

ここまで読んだ人なら計算しなくてもなんとなくわかると思いますが、最終的な売上の達成は厳しくなります。この兆候をいち早くキャッチできれば、なんらかの対策を講じることができます。しかし、最終的なセールスの売上だけを見ていては、時すでに遅し、となってしまいます。

ビジネスの先行指標として、マーケティングの指標が機能していれば、早めの追加投資を得ることができ、企業としての売上未達という最悪のシナリオを回避できます。

|||||||||||||||||||||||||||||||| COLUMN ||||||||||||||||||||||||||||||||
単価の差が大きいときは「価格レンジ」を設ける
||||||||||||||||||||||||||||||||||||||||||||||||||||||||||||||||||||||||||||||||||

商談によって、単価が大きく異なるケースがあると思います。同じ企業内で、1万円の商材から1,000万円の商材まで扱っているケースでは、平均単価の考え方が難しくなります。その場合は、価格レンジに分けて想定する必要があります（**図13**）。

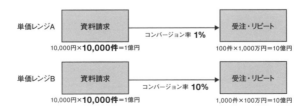

図13：価格レンジごとに分けて考える

2-5 ベスト／ワーストケースと リスクシナリオを理解する

ケースやシナリオを想定する理由

　全体プロセスと収益プランを構築した後は、**ベストケース／ワーストケース**、**リスクシナリオ**を想定します。万が一、当初の予定ほどマーケティング施策がうまく進まなくても、リスクマネジメントをやりやすくなります。

　これは消極的なプランを立てるという意味ではありません。あくまで最悪のケースも想定しつつ、ベストな成果を求めることが重要です。

　またこれらを想定することで、マーケティングが順調に進んでいるか、それとも停滞気味なのかを早く察知することもできます。今、マーケティングはベストの進捗ラインにいるのか、いや少し下降気味なのか。この進捗の良し悪しには敏感になる必要があります。

　最悪のケースを想定することで、事前に回避できることも見えてきます。それがリスクシナリオです。ワーストケースを想定することは、あらゆるリスクを想定することでもあります。

　例えば、予定していたイベントが台風によって開催できなくなるのはありえることで、あらかじめ認識しておく必要のあるリスクです。競合が台頭し、オンライン広告の費用が高騰するようなリスクもあるでしょう。

　これらのリスクを事前に想定できていれば、それを回避するため

103

のプランを用意することができます。**表3**では、獲得数と受注への
コンバージョン率が20%上振れするケースと下振れするケースを
シミュレーションしています。

表3：ベストケース／ワーストケースを想定する

マーケティング支出	コスト	マーケティング効果	数値	ベストケース(+20%)	ワーストケース(-20%)
広告	2,000万円	新規見込み顧客の獲得数	1,000件	1,200件	800件
育成プログラム開発	200万円	受注へのコンバージョン率	5%	6%	4%
コンテンツ制作	100万円	受注数	50件	72件	32件
システム利用費用	300万円	平均受注単価	200万円	200万円	200万円
人件費	200万円	収益	1億円	1億4,400万円	6,400万円
		粗利率	35%	35%	35%
マーケティング総コスト	2,800万円	粗利益	3,500万円	5,040万円	2,240万円
		ROI	25%	80%	-20%

　マイナス要素に対応できるだけでなく、ケースやシナリオに沿っ
ていち早く進捗を見ることで、追加投資をして一気にドライブをか
けることも可能になります。さらに、追加投資をしてビジネスを伸
ばせると気付いたら、早めに追加の予算を獲得しにいくこともでき
ます。

2-6 収益プランの作成例

　これまで学習してきた収益プランの作成方法について、具体的な
ケーススタディを見てみましょう。ここでは通年ではなく、特定の
マーケティングキャンペーンの収益プランを作成していきたいと思
います。これまでのように、「資料請求→来店→受注」という流れ
のビジネスモデルをベースにします。

　まずは、最も大切な収益指標から整理していきます。今回作成す
るケースは、マーケティングが貢献する売上目標を5,000万円とし
て、ROI 30％を目標とします。粗利益率は35％程度で、想定され
る利益（粗利）は1,750万円程度となります。受注単価を200万円
とすると、必要な受注数は25件となります。新規見込み顧客の獲
得から受注に至るまでのコンバージョン率は5％程度を想定してお
り、必要な新規見込み顧客の獲得数は500件となります。ROI 30％
以上を目指すためには、マーケティングの総コストを約1,350万円
以内に抑える必要があります。

　現時点における、広告からの新規見込み顧客の獲得単価は2万円
程度とします。これには、コンバージョン率をキープするための顧
客育成プログラムも含みます。その他に、コンテンツ制作やシステ
ムの利用コスト、人件費を加えます（**表4**）。

表4：収益指標を整理する

マーケティング支出	コスト	マーケティング効果	数値
広告	1,000万円	新規見込み顧客の獲得数	500件
育成プログラム開発	100万円	受注へのコンバージョン率	5%
コンテンツ制作	100万円	受注数	25件
システム利用費用	50万円	平均受注単価	200万円
人件費	100万円	収益	5,000万円
-	-	粗利率	35%
マーケティング総コスト	1,350万円	粗利益	1,750万円
		ROI	30%

　続いて、全体プロセスの各目標を整理します（**表5**）。

表5：全体プロセスの各目標

	資料請求	興味育成	来店	商談	受注
フロー数	500件	400件	120件	72件	25件
コンバージョン率	80%	30%	60%	35%	

　新規獲得数とコンバージョン率の想定数値を設定しておけば、マーケティングキャンペーンがうまくいっているのか否かや、改善するべきポイントに気付くことができます。

2-7 | 収益指標の実例

　筆者が勤務しているマルケトで利用されている、主な収益指標を紹介したいと思います。マルケトは法人向けのマーケティングオートメーションのシステムを提供する会社なので、指標は対面の絡むセールス活動が伴う、一般的なB to Bのマーケティングモデルとなります。

　マルケトでは、週単位、月／四半期単位で様々な指標を追跡しています。皆さんのビジネスでも参考になる指標があると思います。

週単位で追跡している主な指標

①新規獲得した見込み顧客の数（リード）
②新規に作成された商談数
③保持しているデータベースの規模
④商談全体での金額
⑤成約した新規受注金額と件数
⑥成約したアップセル商談の受注金額と件数
⑦成約した契約更新商談の受注金額と件数[*]

*近年増えているサブスクリプション型のビジネスモデル（マルケト含む）では、契約更新という指標はとても大切になる。

107

月／四半期単位で追跡している主な指標

①新規リードの合計（内訳は以下）

- アクティブなリード
- 休眠中のリード
- インバウンドで獲得したリード
- 地域別のリード
- 企業規模が中規模以下のリード
- 大企業のリード

②新規商談の合計（内訳は以下）

- マーケティング、インサイドセールスの商談
- セールスのアウトバウンドの商談
- 口コミからの商談
- 企業規模が中規模以下の企業の商談（地域別）
- 大企業の商談

③リードから商談へのコンバージョン率
④見込み顧客データベースの規模

⑤商談内容（内訳は以下）

- 保留もしくはロストした商談
- 新規追加された商談
- 獲得された商談
- 金額価値

⑥マーケティング投資の合計

　・商談ごとのマーケティング投資の合計

⑦全体の販売状況（内訳は以下）

　・企業規模が中規模以下の企業

　・大企業

　・チャネル別

　・地域

　・既存顧客

⑧平均販売価格

⑨平均割引額

⑩リテンション（契約の更新率）、解約数

第2章のポイント

●マーケティングの役割は会社の収益に貢献することです。収益目標に沿ってマーケティングプランを作成することで、会社の成長に貢献できます。

●収益と直接的に関連しない指標を経営層や他部門へアピールしても、本質的な価値は伝わりません。マーケティング活動と収益との明示的な関係性を示す収益プランの作成が必要です。

●最も大切な指標は財務指標です。マーケティングの収益への貢献を示す、適切な指標を選定しなければなりません。

●マーケティングの目標設定を行うときは、自社のROIモデルを構築しましょう。マーケティング予算を10％増やしたら、利益はいくら増加するのか。そのような質問に回答できるようにする必要があります。

●収益プランと全体プロセスを結びつけて、各プロセスに必要なフロー、コンバージョン率、ROIをシミュレーションしましょう。これが収益プランを達成するための道筋になります。

●常にベストな結果が出るとは限りません。ワーストケースやリスクも考え、対策が打てるように前もってシミュレーションをすべきです。

第 **3** 章

指標を正しく測定するために

3-1 測定計画を立案する

マーケティングが収益に向かっているかトラッキングする

　第2章では、収益プラン作成を通じて目標設定と重要な指標について解説してきました。これは収益に貢献するためのマーケティング活動の目標を定めるうえで、重要なステップといえます。

　明確な責任の中で目標達成に向けてマーケティング活動を進めていくわけですが、それらをトラッキングするための**測定計画**が必要となります。本章では、ゴールである収益目標を達成するために、「マーケティング全体として良好なのか、改善が必要なのか」、「各施策における進捗はどうなのか」という分析を可能にする測定計画について解説していきます。

　マーケティング活動が収益につながっている様子がリアルタイムで見えるように、そしてマーケティング活動の進捗の評価が行えるように、測定計画を立案していきます。

3-2 測定計画立案にあたっての注意点

ゴールからルートを整理する

これまで解説したように、マーケティングは以下の内容で構成されています（**図1**）。

①収益という最終目標に向かう「全体プロセス」
②コミュニケーション・カテゴリとしての「チャネル」
③チャネル内の各「施策」

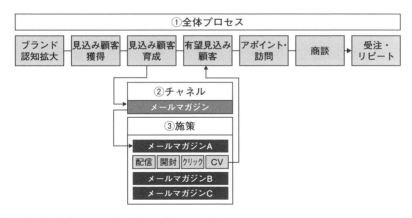

図1：全体プロセス＞チャネル＞施策の関係

測定計画を立案するうえで最初にやらなければならないのは、「収益」のゴール設定です。このゴールを設定しなければ、何を目標にすればよいのかわからず、測定計画の目的が明らかになりません。

測定計画の目的が明確だからこそ、見るべき数字が整理され、適切な計画を立案できます。これはマーケティングを進めるための地図のようなもので、道に迷わず最短ルートでゴールに向かうのに必要不可欠なものです。

なんでも測定すればよいわけではない

　また、情報が多すぎてルートがわかりにくい地図では不便です。意味がない測定はムダなコストを生み出す源ともなります。一見複雑で秀逸な測定計画のように思えても、それが実行できなければ意味がありません。シンプルで、目印やルートがはっきりと書いてある地図の方が、ルートを確認する時間を削減することができます。

　とりあえずトラッキングできるものはなんでもデータとして持っておこう、と考えてしまう人は多いように思います。「何を分析するために必要なデータなのですか？」と聞いても明確な答えを言えないようなデータです。「後で使えるかもしれないから、とりあえずデータベースに入れておいた」といったデータは、今後必要になることは一切ないと思います。

　はっきり言って、用途もわからないデータを一生懸命取っておくという行為は、自宅からゴミを捨てられないようなものと同じだと筆者は考えています。ツールが勝手に保管してくれるデータをわざわざ捨てる必要はないと思いますが、サーバーコストを払ってまで保管しておく必要はありません。

　あふれかえるほどのデータを取っておくのと、複雑な測定計画を立案することは、実行段階では使いにくいので、くれぐれも注意してください。

3-3 | 見るべき数字を整理する

アウトプットのイメージを持つ

　データはなんでも測定すればよいものではない、と述べましたが、それでは何を基準に考えればよいのでしょうか。

　見るべき数字を整理する際は、**目的と範囲の設定**を厳格に行い、必要なデータの洗い出しから慎重に行います。何かを測定するとき、その目的と範囲の設定もセットで考えないといけません。

　「この数字を取得したら、どのように活用できるか」というアウトプットのイメージを常に持っておくと、様々なことが見えてきます。

●アウトプットのイメージがない場合

　アウトプットのイメージを持っていない、悪い例を1つ挙げましょう。アクセス解析ツールでは、直帰率という数字を測定できます。直帰率は「サイトを訪れたユーザーのうち、1ページしか閲覧せずに離脱したユーザーの割合」を意味しますが、これは何に活用できるでしょうか。

　筆者はたまに「直帰率は何パーセント程度が適切ですか？」という質問を受けることがあります。こういう目安となる数字をベンチマークといいます。ベンチマークと比較して現状を把握することはとても大切なのですが、中には他社や業界平均の数字ばかり気にする人もいます。

115

直帰率を測定する目的は、ベンチマークの数字を下回ることなのでしょうか。上記のような質問を受けたときは、「御社は直帰率をどのような目的で取得していますか？」と聞くようにしています。さらに「直帰率の状況を見て、どう感じていますか？」とも尋ねます。

　こういった点を考えたことがないような人は、ベンチマークに振り回されて余計な仕事を増やす可能性があります。極論のようですが、一部の特殊なケースを除いて直帰率は低い方がいいに決まっています。**他社や業界の一般的なベンチマークに照準を絞ることに大きな意味はありません。**

● アウトプットのイメージがある場合

　今度は逆に、よい意味で参考となる事例を紹介したいと思います。ウェブサイトの資料請求を起点に、セールス活動につなげて収益を上げていくマーケティングの責任者が、日常的に見るべき数字を絞り込み、素早く改善指示が取れるようにしているケースです。文ではわかりにくいので、図で見てみましょう（**図2**）。

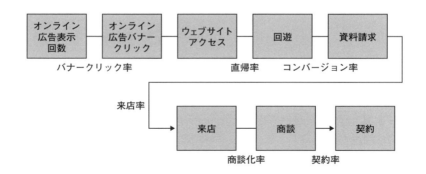

図2：全体プロセスと測定計画

このプロセスと測定計画では、日常的に見るべき数字は**図3**と**図4**のようになります。このように**数字の測定にもプロセスを設ける**と、順番に判断でき、指示や行動をしやすくなるので効果的です。

①資料請求に関する指標と見る順番

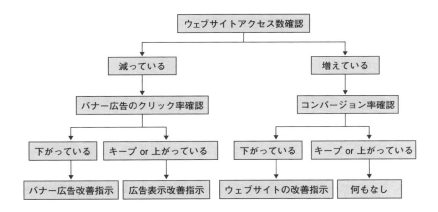

図3：日常的に見るべき数字と順番の例①

②来店に関する指標と見る順番

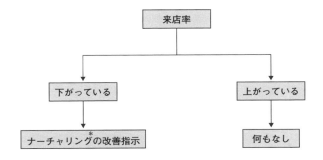

図4：日常的に見るべき数字と順番の例②

　　＊ナーチャリングについては後述。

このように整理されていれば、あれやこれやと数字で迷うことがなく、すぐ次の改善アクションが取れるようになります。毎朝出社してからすることはシンプルで、測定されている指標を見て、チームに改善するよう指示を出せばよいのです。

素早く状況を察知できれば、収益の改善スピードは速まるはずです。シンプルで、難しいこともせずに、企業の成長に貢献しています。これは誰にでもできることです。

見せる相手を想像する

数字を整理することの重要性は理解してもらえたかと思います。自身で数字を整理する際は、上記の他に、もう1つのことを頭に入れておいてください。「見せる相手」を明確にすることです。

第2章でも触れましたが、相手が経営者や役員クラスの場合、メールの開封率やオンライン広告のクリック率を見せてもあまり意味がありません（もちろん、収益と直接結び付けて説明できていれば意味があります）。一方、現場でオンライン広告を運用している担当者であれば、非常に重要な数字の1つになります。

また、マーケティング部門向けなのか、セールス部門向けなのか、IT部門向けなのかによっても、見たい数字は異なるはずです。誰に見せる数字なのかをしっかりと意識することで、適切な数字の整理を行うことができます（**表1**）。

表1：見せる相手と指標の種類

指標カテゴリ	測定指標	経営層	セールス部門	マーケティング部門	IT部門
収益の指標	商談数	●	●	●	●
	商談金額	●	●	●	●
	受注数	●	●	●	●
	受注金額	●	●	●	●
	コスト	●	●	●	●
	…	●	●	●	●
全体プロセスの指標	フロー	●	●	●	●
	残高	●	●	●	●
	コンバージョン率	●	●	●	●
	…	●	●	●	●
各チャネルの指標	チャネルごとの接触数		●	●	
	チャネルごとの成功数		●	●	
	チャネルごとの中間指標		●	●	
	…		●	●	
施策の指標	施策ごとのメール指標			●	
	施策ごとのウェブ指標			●	
	施策ごとのソーシャル指標			●	
	…			●	
その他	データベースサイズ			●	●
	ウェブサイトトラフィック			●	●
	メール到達率			●	●
	…			●	●

　この整理を行ううえでも「収益＞プロセス＞チャネル＞施策」という関係で整理していくことが大切です。施策ごとの細かな数字を徹底的に追うことも大切ですが、この観点で見るべき数字、または見せるべき数字を整理できている方がよっぽど効果的です。

●経営者用に数字を整理した例

　これらの分類をしておくことで、BIツール*でレポートやダッシュボードを構築する際にも役立ちます。

　例えば**表2**は経営者用のビューとして、重要な指標である収益が説明されています。つまり、各施策がどのように収益に貢献したかというレポートです。このようにすることで、経営層が自発的にBIツールのレポートを見るようになり、わざわざ会議でレポートしなくてよいような状態を目指せます。

表2：経営者向けのBIツールのレポート例

新規獲得チャネル	コスト	獲得数	新規獲得単価	商談作成数	商談金額	受注件数	コンバージョン率	受注金額
SEO	300万円	321件	9,346円	32件	9,630万円	10件	3%	2,889万円
展示会	1,000万円	1,200件	8,333円	36件	1億800万円	11件	1%	3,240万円
SNS	50万円	52件	9,615円	10件	3,120万円	3件	6%	9,360万円
オンライン広告	430万円	162件	26,543円	24件	7,290万円	7件	5%	2,187万円
セミナー	300万円	100件	30,000円	15件	4,500万円	5件	5%	1,350万円
合計	2,080万円	1,835件	16,768円	118件	3億5,340万円	35件	2%	1億602万円

●メールマーケティング担当者用に数字を整理した例

　一方、**図5**はメールマーケティングの担当者用に数字をまとめた例です。クリックされた時間帯でヒートマップ化しています。

	送信数	配信数	配信到達率	開封数	開封率	クリック数	クリック率
メールA	2,279件	2,229件	97.83%	278件	12.21%	119件	5.23%
メールB	2,215件	2,175件	98.22%	293件	13.25%	97件	4.40%
メールC	2,188件	2,144件	97.99%	211件	9.64%	49件	2.23%

　　＊ BIツール：BIはBusiness Intelligenceの略。ビジネスに関する情報の管理・分析などを行うツールのこと。

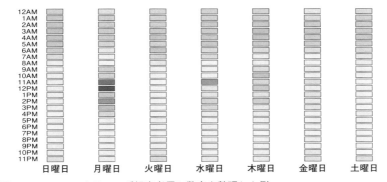

図5：メールマーケティング担当者用に数字を整理した例

3-3 見るべき数字を整理する

121

3-4 測定計画の立案とプロセスマネジメント

これまでの内容を踏まえ、例として実際に測定計画を立案してみます。ここでもプロセスマネジメントの考え方が重要となります。

ステップ① 全体プロセスで測定すべき指標を整理する

測定計画の最初のステップは、第1章で解説した全体プロセスの設計です。設計方法について本章では説明しませんが、先ほどの資料請求を起点としたマーケティング（**図6**）をサンプルにして、測定計画を作っていきます。

まずは、第2章に登場したROI計算モデル（**図7**）も踏まえて、測定すべき指標を次のように整理します。

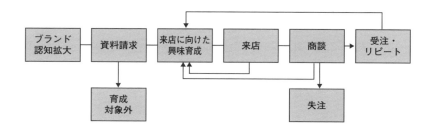

図6：本解説の前提になる全体プロセス

図7：ROI計算モデル

●測定すべき指標①　マーケティングプロセスから供給した収益指標
　　　　　　　　　（商談数・受注数、商談金額・受注金額）
［目的と用途］マーケティングの収益貢献を把握する
　・一定期間内にどの程度の商談や受注が生まれているか
　・ROIは期待通りか
　・数字は上昇傾向にあるか、それとも下降傾向か

●測定すべき指標②　各プロセスのフロー数
［目的と用途］現在のプロセスの流れを把握する
　・一定時間内にどのくらい見込み顧客がプロセスを通過しているか
　・ボトルネックとなっているプロセスはないか
　・数字は上昇傾向にあるか、それとも下降傾向か

●測定すべき指標③　各プロセスの残高数
［目的と用途］現在の見込み顧客データベースの価値を把握する
　・各プロセスに見込み顧客はどの程度いるか
　・見込み顧客の種別に応じてそれらはどう変わるか
　・数字は上昇傾向にあるか、それとも下降傾向か

●測定すべき指標④　プロセス間のコンバージョン率

[目的と用途] 現在のプロセスの流れを把握する

・ボトルネックとなっているプロセスはないか

・見込み顧客の種別に応じてそれらはどう変わるか

・数字は上昇傾向にあるか、それとも下降傾向か

●見せる相手は誰か

これらの測定は経営層にとっても極めて重要であり、共有すべき内容です。また、全体を俯瞰して見ることができるので、会社全体で共有すべき指標ともいえます。

ステップ②　チャネルと施策の測定計画を検討する

●チャネル・施策の選定と測定した指標の見せ方

全体プロセスの測定計画を整理できたら、続いてプロセス内のチャネル、そして施策の測定計画を立案していきます。全体プロセスの測定計画ができているので、これらの指標を改善するために必要なチャネルを選択します。

施策はプロセス間の残高数を増加させることが目的なのか、コンバージョン率を改善することが目的なのかを決めましょう。そして、それを改善すれば収益はどうなるのか、すべてがつながって見えるようにします。

例えば、オンライン広告のバナーCTR（クリック率）が0.06%上がったら、新規見込み顧客の獲得数が何件増加し、収益にこのような影響が出る、といったストーリーを説明できるようにするのが肝心です。

ただ「CTRが0.3％から0.36％にアップしました」と説明したところで、「たった0.06％の違いだろ」と言われるだけかもしれません。しかし、0.06％アップというのは、0.3％から20％も改善したということです。「同一のコストでオンライン広告経由のウェブサイト訪問数を20％も増加できたということは、見込み顧客も20％増え、受注も20％増えるだろう」と説明すれば、印象がまったく違うはずです。

この考え方は、改善のための提案にも利用できます。「バナーを改善するために、新規でABテストの仕組みを導入して、0.06％の改善を目指します。ツールのコストはいくらで、得られる収益はいくら、ROIは……」と説明して予算を申請すれば、止める理由がないのです。後は結果を出すために全力でがんばればよいのです。

|||||||||||||||||||||||||||||||||||| **COLUMN** ||||||||||||||||||||||||||||||||||||

マーケティング施策の測定が困難なケース

||||||||||||||||||||||||||||||||||||||||||||||||||||||||||||||||||||||||||||||||||

消費者は複数のコミュニケーションチャネルとタッチポイントを横断して、購買の意思決定をしています。この組み合わせの「妙」というのは存在すると思います。収益に直結していなくても、間接的に貢献しているチャネルや施策が存在することは多々あります。

多くのマーケティング担当者は間接的に貢献しているチャネルの効果を証明できないのが現状かもしれません。それでは、実は大きく貢献しているチャネルなのに、評価されないため停止せざるを得ない状況に陥ってしまいます。

このようなケースの効果分析については、第5章で紹介します。こういった場合においても、プロセスマネジメントやチャネルの整理が大きく役に立ちます。

●チャネルを全体プロセス内にマッピングする

先ほどの全体プロセス内に、チャネルをマッピングしてみます(**図8**)。ここでマッピングする意味は、**各チャネルがどのプロセスへの貢献を意図しているものか**を明確にするためです。

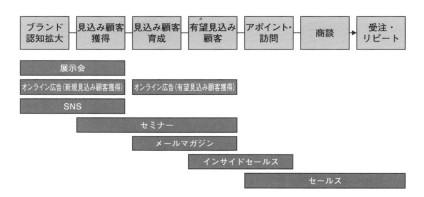

図8：チャネルのマッピング

マッピングができたら、測定しなければいけない成果指標を整理していきます。

●測定すべき指標①　各チャネルが生み出した収益指標
　　　　　　　　　　（商談数・受注数、商談金額・受注金額）

[目的と用途] チャネルごとの収益貢献を把握する

- 一定期間に各チャネルに接触した見込み顧客から、商談や受注はどの程度生まれているか
- 最も収益に貢献しているのはどのチャネルか
- 数字は上昇傾向にあるか、それとも下降傾向か

●測定すべき指標②　各チャネルの接触数と目標到達の成功数

[目的と用途] 各チャネルがタッチポイントとして機能しているか把握する

- ・一定期間に、見込み顧客が各チャネルにどの程度接触しているか
- ・各チャネルはどの程度、目標到達に成功しているか
- ・数字は上昇傾向にあるか、それとも下降傾向か

表3：プロセス内での目的と目標をそれぞれ整理する

チャネル	目的	目標
展示会	ブランド認知拡大を広げ、新規見込み顧客を獲得する	アンケート記入
オンライン広告①	ブランド認知拡大を広げ、新規見込み顧客を獲得する	ウェブフォーム入力（フォーム種別は問わない）
SNS	ブランド認知拡大を広げ、新規見込み顧客を獲得する	ウェブフォーム入力（フォーム種別は問わない）
オンライン広告②	新規見込み顧客の関心を高め、有望見込み顧客へ育成する	ウェブフォーム入力（商品スペック資料のダウンロード）
セミナー	新規見込み顧客の関心を高め、有望見込み顧客へ育成する	アンケート記入（購買検討意向ありと回答）
メール	新規見込み顧客の関心を高め、有望見込み顧客へ育成する	ウェブフォーム入力（商品スペック資料のダウンロード）

●測定すべき指標③　各チャネルの中間指標

[目的と用途] 現在のプロセスの流れを把握する

- ・ボトルネックとなっているチャネル内のプロセスはないか
- ・数字は上昇傾向にあるか、それとも下降傾向か

表 4 ：各チャネルの中間指標を設定する

チャネル	中間指標-1	中間指標-2	中間指標-3	中間指標-4	中間指標-5	中間指標-6
展示会	来場	ブース訪問	アンケート記入	-	-	-
オンライン広告①	クリック	ウェブサイトアクセス	フォーム入力	-	-	-
SNS	クリック	ウェブサイトアクセス	フォーム入力	-	-	-
オンライン広告②	クリック	ウェブサイトアクセス	フォーム入力	-	-	-
セミナー	事前登録	出席	アンケート記入（購買検討）	-	-	-
メール	送信	配信	開封	クリック	ウェブサイトアクセス	フォーム入力

●見せる相手は誰か

　上記の指標①は、経営層はもちろん、会社全体で共有するべき指標です。②はセールスチームにも共有するべき指標です。③はマーケティングチーム内で共有し、各チャネルの施策改善などに役立てられる指標です。

3-5 | 施策評価の指標

　マーケティングチーム内で管理するべき指標は他にもあります。ここで紹介するのはほんの一部ですが、これらの指標を会社全体で共有する際は、全体プロセスや収益との関連性をきちんと説明する必要があります（**表5**）。

表5：施策評価の指標

種別	評価指標の例
メール	登録解除率、バウンス率、開封率、CTR
ソーシャルメディア	合計閲覧数、つながり、メンション、アクティビティ、エンゲージメント、コンバージョン、感情
コミュニケーション	プレスリリース件数、インタビュー件数、メディアイベント件数、掲載ボリューム、広告量シェア
ウェブサイト	閲覧・ビジター、平均ページビュー、直帰率、滞在時間、バックリンク
ブログ	投稿数、登録者数、閲覧・ビジター、ユニークビジター、ソーシャルメディアでの共有
オンライン広告	インプレッション、コスト・パー・クリック（CPC）、1,000件単価（CPM）、コスト・パー・コンバージョン（CPC）、コスト・パー・アクション（CPA）
ダイレクトメール	認知率、配信率、反応率、コスト・パー・コンバージョン（CPC）
顧客指標	解約率、顧客生涯価値、顧客内シェア

129

3-6 その他の指標

　まだまだ、マーケティング担当者が測定しておかなければいけない指標はあります。例えば、IT部門と共有しておくべきデータベースの使用量や、ウェブサイトのトラフィック量、メールデリバラビリティ*などです。

　状況に応じて、IT部門も追加の投資や対策を検討することがあります。定期的に知りたい指標が何かを尋ねて、定期的にレポートすることで、部門間の関係構築にもよい影響を与えることができます。

＊メールデリバラビリティ：送信したメールの到達率。マーケティングメールの到達率は様々な要因で影響を受ける。例えばメールがスパムメールとして扱われてしまったり、メールサーバーにブロックされて到達率が低下することがある。このような状況ではIT部門とも連携し、メールの到達率を向上させる対策を講じる必要がある。

|||||||||||||||||||||||||||||||||||||||| **COLUMN** ||||||||||||||||||||||||||||||||||||||||

測定ができればマーケティングの予算を大幅に増加できる！？

||||||||||||||||||||||||||||||||||||||||||||||||||||||||||||||||||||||||||||||||||||||||||||||||

　マーケティングの予算が増えなくて困っているという話をよく聞きます。これまで書いてきたように、その原因は会社の成長に貢献していることを明確に説明できないことにあります。効果がわからないものに投資されることはありません。

　マーケティング予算を増やすことが本書の目的ではありませんが、少し具体的に予算を付けてもらえるコツを紹介します。

　予算を申請する際には、以下の点を説明するのが基本です。

・解決したい課題
・どの数字をどの程度伸ばせそうか
・どの程度の期間で実現できるのか

　それに対して結果をきちんと報告さえしておけば、経営者自身が投資対効果を理解できますし、現場のマーケティング担当者やセールス担当者も効果を実感するはずです。

　例えば、ツール導入のことを考えてみましょう。あれができる、これができる、というような各機能の話だけをしていると、成果の部分は「想像にお任せ」ということになってしまいます。かといって、当てずっぽうのような数字を成果に設定するのも危険です。稟議は通せるかもしれませんが、後日むりやり成果を作る必要が出る可能性があります。

　成果とシンプルな測定計画をセットで考えておけば、簡単に進捗や成果を証明することができます。あるマーケターの方は、創業社長で「デジタルは苦手」というようなトップに数字の説明をする際

には、見込み顧客、商談、受注のフロー数と、コンバージョン率を定期的に報告しています。その際は、それぞれのプロセスで実行したチャネルと施策をマッピングして、どれがどの数字に効果をもたらしたのかを説明するそうです。追加の投資をしてもらう際は、数字目標（フロー数、コンバージョン率）とROIを説明し、それをいつまでに達成する、という流れで説明します。

　シンプルな説明ですが、投資する意味がわかりやすく、また成果のトラッキングも行いやすいため、説明のやり直しなどで稟議が停滞することはないそうです。

3-7 | 各指標のトラッキングと
レポートの方法を検討する

トラッキング方法を考える

　測定すべき指標を説明してきましたが、各指標のトラッキング方法も考える必要があります。その際には、すでにトラッキング可能なものと、今後取得を検討しなければならないものに分けて整理してみてください。

　特に、収益に関連する指標は優先度が高いのですが、取得の難易度が高いことがあります。ものによっては、セールスチームの協力がないと得られない場合もあるでしょう。また、見込み顧客と、商談や受注データを紐付けるシステムの構築が必要になるケースもあります。中長期で検討する必要がありますが、根気強く、優先度を上げて取り組む必要があります。そのためにも、取得する目的や重要性を明確に説明する必要があります。

レポート方法を考える

　トラッキング方法に目処が立てば、次はそれをレポートする方法を考えます。会議で報告するのもよいですし、先ほど紹介したBIツールを用いたり、メールを流したりする方法もあります。

　レポートも、プランを決め、タイミングを設定することが重要です。「言われたら出す」のではなく、率先して情報共有していくこ

とで、信頼を得ることができます。

　レポートは、Who、What、When、How の4つの視点で策定していきます。また、報告の対象者とオーナー（担当者）、内容、頻度、手段もセットで考えましょう（**表6**）。

表6：レポート方法を決める

Who		What	When	How
対象者	オーナー	内容	頻度	手段
経営層	丸井	四半期のマーケティング収益指標の進捗報告	四半期	会議
セールスチーム	大槻	各チャネルの進捗状況報告	月次	会議
MA運用チーム	山田	各施策の進捗報告	週次	メール

第3章のポイント

●マーケティング活動を進めていくうえでは、目標達成に向けた進捗を測定しながら、状況は良好なのか、改善が必要なのか、いち早く気付くことができなければなりません。

●最終目標の収益との関連性を明確にしながら、測定計画を整理していきます。その際は「全体プロセス＞チャネル＞施策」の順番で考える必要があります。

●明確な目的を持たずに測定することは、作業やコストを浪費することになるので注意が必要です。なんでも測定すればよいわけではありません。

●目的と範囲を明確にすることで、改善スピードが大幅に高まります。また、見せる相手（経営層か、セールス部門か、IT部門かなど）も明確にし、それぞれの立場にあった指標を整理する必要があります。

●各指標をどのようにトラッキングするか、またトラッキングできない指標はどうすれば入手できるのかを検討する必要があります。また、レポートは「言われたら出す」のではなく、率先して示していく必要があります。

第 **4** 章

数字指向で
マーケティング施策を計画する

4-1 | マーケティング施策の 計画において大切なこと

　本書ではこれまで、明確な目標を持ち、それを達成するプロセス を定義し、測定計画を立案してきました。目標があるからこそ、意 味のある施策が実行できるようになります。それが具体的であるか らこそ、具体的なマーケティング活動を計画できるようになります。

　しかし、マーケティングは実行するだけではいけません。様々な リスクを想定して様々なプランを用意しておくことも重要ですし、 改善のサイクルを計画しておくことも大切です。

　複雑な施策を計画する必要はありません。目標を達成でき、コス トやリソースを割かないシンプルな施策であればよいのです。

チャレンジは計画的に

　実は筆者もマーケター時代に "複雑で完璧なマーケティング" に 憧れて、チャレンジしたことがあります。しかし、その頃に実施し たプロジェクトはことごとく失敗に終わりました。

　当時にしては画期的な、人工知能を活用した広告配信用のデータ ベースを作ろうとしたこともあります。今でいえばDMPのような 仕組みを自社で構築して、オンライン広告の配信に活用しようとし たのです。名目としてはオンライン広告のバナーCTRを向上させ るというものでしたが、収益へのインパクトや具体的なROIの目 標は十分に持っていませんでした。当時の私の本心は、人工知能が 使いたかっただけ。そこで得た知識や教訓が今も役立つことはあり

ますが、そのときは失敗に終わりました。チャレンジは大事ですが、"無謀な"チャレンジはダメージも大きく、目標や計画の大切さを痛感しました。

とは言いつつも、たまには無謀と思えるようなチャレンジもよいでしょう。筆者が大きな失敗をしてもお咎めがなかったのは、他のマーケティング業務でコツコツ成果を上げていたからだと思います。自分のクレジット（信用）を貯めておけば、大きなチャレンジができるということです。ぜひ日頃の業務でクレジットを増やしておきましょう。

事前の準備でスピード感のある施策を

繰り返しになりますが、明確な目標と目的があり、それを評価できる指標を持っていれば、マーケティング施策の実行は確実にやりやすくなります。さらには、周囲の賛同を得るのも容易になり、結果として施策の計画から実行までの期間を短くすることができます。

素早く収益に対して目標と目的がある施策を実行し、改善アクションが取れるのと、毎回目標と目的から考えて施策を計画するのではスピード感に雲泥の差が出ます。（私の失敗のように）好奇心だけで突き進むような過ちも犯さずに済みます。

ただし、目標と目的があるからといって、やみくもに施策を計画してもリソースが足りなくなるので、優先順位を考える必要があります。注力するべき施策はどこにあるのか。それを考えるうえでもプロセスマネジメントが重要となります。

139

|||||||||||||||||||||||||||||||||||||| **COLUMN** ||||||||||||||||||||||||||||||||||||||

自分のクレジットを貯めるには

||||||||||||||||||||||||||||||||||||||||||||||||||||||||||||||||||||||||||||||||||||||||||||

　日頃の業務でクレジットを貯めるために最も重要なのは、会社の成長に貢献することです。ところがまだマーケティングの仕事が社内で認められておらず、「会社の売上に貢献していることを説明するような状況にない！」という人がいるかもしれません。

　クレジットがゼロの人に、会社は大きな予算を預けてはくれません。そうするとマーケティングでできることが限定的になってきてしまうので、「早く結果を出さなければならない」と焦ることになるでしょう。

　筆者の経験を振り返ると、社内でマーケティングを推進させる大きな要素となったのは、マーケティングの重要性や成果をアピールするよりも前に、もっと地道なことだったかもしれないと思うことがあります。マーケターとして着任して半年ほどは、本業に関係のない雑用を喜んでどんどんやりました。例えば、パソコンの操作がわからない人に操作を説明するなど、自分を頼ってきてくれた人がいれば、どんな些細なことでも進んでやるようにしていました。

　そういう態度は誰かが見てくれているもので、経営層を含め、協力的な人が次第に増えていったことを覚えています。

　その当時は意識していなかったですが、そのときに貯まったクレジットはマーケティングの大きな推進力になっていたようです。マーケティングは成果が見えにくいものだからこそ、人として信用してもらうことが成功要因のベース部分にあるのではないかと思います。そして、信用してもらったらきちんと売上に貢献するように成果を出していく。これができていれば、マーケティングの推進は想像以上にうまくいくはずです。

4-2 施策計画とプロセスマネジメント

マーケティング施策を計画する際にも全体プロセスから考えていきます。今回も第2章と同じプロセス(**図1**)を例に見ていきましょう。

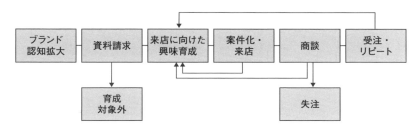

図1：全体プロセス

プロセスを精緻化するための目標シミュレーション

施策は収益目標を達成するために行います。まずは、そのために必要なプロセスごとのフロー数、残高数、コンバージョン率をシミュレーションすることから始めましょう。過去のデータから、各プロセスの平均的なコンバージョン率を想定します。

最初にプロセスの設計をする際は大雑把でも問題ないのですが、実行する施策を検討するうえでは、細かく決めておいた方がやりやすくなります。

例えば、「見込み顧客」というプロセスがあるとします。しかし

この見込み顧客の中には、興味の度合いが異なる顧客が混在します。本当はまったく興味のない人、将来的に検討している人、今まさに購入しようとしている人など、いくつかのステージに分かれているでしょう。異なるステージの見込み顧客が存在している場合、施策の目標も伝えるべきメッセージも変わってきます。施策実行のレベルになると、別々の施策を行った方がよい結果を得られます。

● コンバージョン率のシミュレーション例

それでは、例を使って具体的な検討方法を見てみましょう。第2章と同様のプロセスで、1億円の予算が割り当てられたとします。

さて、ここでどのプロセスに注力するべきか検討してみましょう。今回の例では、新規見込み顧客獲得にかかったコストは1件あたり10,000円とします。予算をすべて新規見込み顧客に投入したと仮定して、どういう結果になるかを見ていきます（**図2**、**図3**）。

① 新規見込み顧客にすべての予算を投入した場合（資料請求ステージから、来店に向けた興味育成ステージへのコンバージョン率は25%）

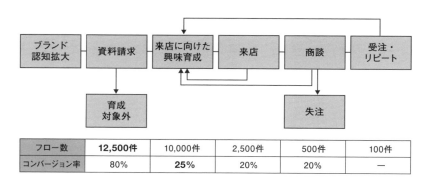

図2：コンバージョン率25%の場合

②新規見込み顧客にすべての予算を投入した場合（資料請求ステージから、来店に向けた興味育成ステージへのコンバージョン率は35%）

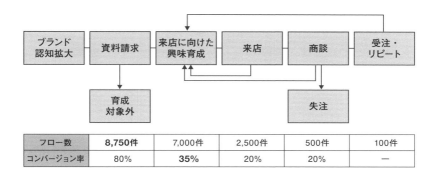

図3：コンバージョン率35%の場合

　もし現状のコンバージョン率が25%なのであれば、35%に向上させることで、新規見込み顧客の獲得は3,750件削減できることになります。

　新規見込み顧客獲得のコストが1件あたり10,000円だとすれば、3,750万円ほどコストを抑えられることがわかります。浮いたコストを見込み顧客の育成（リードナーチャリング）の仕組みづくりに投資し、今後もコンバージョン率をキープできれば、より少ない見込み顧客でより高い収益を上げ続けられる可能性があります。

　また、コンバージョン率が35%で、元と同じ12,500件の新規獲得件数なら、受注が40件増えることになります。受注単価によっては大幅な売上アップが見込めるでしょう。

●リードナーチャリングの投資対効果

　リードナーチャリングは投資対効果を示すのが難しいという話をよく耳にします。しかしこれも、プロセスマネジメントができていれば困難なことではありません。

　リードナーチャリングは、見込み顧客獲得からセールスプロセスに渡すまでの中間プロセスにあたります。つまり、**コンバージョン率の改善こそが投資対効果**となります。上記のように、実際にシミュレーションをしてみると非常に大きな効果があるのですが、測定計画を立てていないと効果を示すのは難しいのも確かです。

　リードナーチャリングに限らず、中間的なプロセスにあるすべての施策にとってはコンバージョン率が最も重要な変数であり、その測定をしていくことがプロセスマネジメントの本質的な価値の1つでもあります。この設計がないのに、リードナーチャリングの効果を証明しようとしても無理があります。「メールの開封率が20％上がったので、たくさん情報を届けることができた」といった程度の説明になってしまいます。

プロセスごとの責任者が数字目標を持つ

　ここまで整理できたら、各プロセスにおける目標を達成するために責任者が必要です。1人で複数のプロセスに責任を持っても全然問題ありませんが、誰がどのプロセスの数字に責任を持つのかは明確にしておかなければなりません。

●量を追い求める危険性

　ただし、責任の持ち方に関して注意点があります。新規獲得プロセスの量だけに注力してしまうと、「なんでもいいから名簿を集め

ろ！」ということになりかねず、見込み顧客の質が下がり、後のプロセスのコンバージョン率が低下する恐れがあります。

　こうなってしまうと、ダイレクトメールやシステム管理のムダなコストが増えてしまいます。もしセールスチームやインサイドセールスがアプローチしていたら、人件費も労力も浪費します。すると、マーケティングの信頼が著しく低下するでしょう。

　ときおり、発売前の商品の見込み顧客を集めているサイトが見られます。すべてがそうではないですが、中には見込み顧客の獲得数で商品への関心度を測り、商品価格の設定に活用していることもあります。

　こういう場合に、会社の期待に応えようと無理に量を追い求めてしまうと、大変なことになります。つまり、市場の期待値を見誤り、高すぎる値付けをしてしまい、ビジネスへ多大な悪影響を及ぼしてしまうのです。

●マネジメントや業務にもたらされるメリット

　上記のような注意点はありますが、業務目標としてこの数字を達成しなければならない、という明確な責任があることで、目標達成に向けて試行錯誤しながら業務に取り組むようになります。

　また、担当者の数字に対する意識も変わってきます。「来月も次プロセスのコンバージョン率を維持しながら、1,000件獲得しなければならない。そのためには、早めに準備をしておかないと」といったことにも気付くようになるでしょう。曖昧な指示ではなく、明確な数値目標と改善すべき課題があることで、仕事の生産性は間違いなく向上します。担当者だけでなく、マネジメントにおいても進捗管理やアドバイスをしやすくなります。

145

もちろん、数字に責任を負うということはプレッシャーがかかります。プレッシャーをかけすぎてはいけませんが、よい意味でのメリハリとやりがいも生まれます。

　そしてできるなら、達成した際のご褒美もあるとよいでしょう。そうすればモチベーションはもっと上がるはずです。あんまり過度なインセンティブは組織をギスギスさせてしまうかもしれませんが……。

|||||||||||||||||||||||||||||||||||||||| **COLUMN** ||||||||||||||||||||||||||||||||||||||||

懸賞付きキャンペーンの落とし穴

||||||||||||||||||||||||||||||||||||||||||||||||||||||||||||||||||||||||||||||||||||||||||||||||||||||||||

　ある事例を紹介しましょう。その会社は、潜在的な見込み顧客を集めるため、会員組織を構築することにしました。会員数には毎月のノルマがあります。獲得したいのは潜在的な見込み顧客ですから、すぐに収益と結び付くような指標は定めていませんでした。そこで、懸賞付きのキャンペーンばかりやっていたそうです。

　「今月の会員は２万人を突破しました！」と数字の見栄えはよいのですが、次第に収益性について疑問の声が上がり始めます。会員サイトやデータベースの管理、会員向けコンテンツの開発など、様々なコストがかかっていますが、取得しているデータは会員というよりも、「懸賞に応募した人」という方が正しいからです。

　しかも、ある程度の規模になってくると、効果がないと薄々感じつつも止められなくなってしまいます。待っているのは悲しい結末しかありません。

　こういう懸賞付きのキャンペーンは、低価格の商材などでは効果があるでしょう。一方で、検討期間の長い高額商材などで効果を発揮するには難しいなあと聞いた当時に思った記憶があります。

　量は大切な指標ですが、やはり質が伴っていないといけません。このようなことが起きないように、前のプロセスの担当者は次のプロセスのコンバージョン率にまで責任を持つように設定することが肝心です。

4-3 注力するチャネルと 施策の計画

　ここで取り上げる例では、直近1年の「見込み顧客育成」プロセスから、「有望見込み顧客」プロセスまでのコンバージョン率は25％です。これを35％に引き上げることができれば、その後のプロセスを通過しても受注は20件近く増える計算になります（**表1**）。

表1：プロセス改善のシミュレーション

	見込み顧客獲得	見込み顧客育成	有望見込み顧客	案件	商談	受注
フロー数	5,000件	4,500件	1,125件	394件	138件	48件
コンバージョン率	90％	**25％**	35％	35％	35％	-

↓

	見込み顧客獲得	見込み顧客育成	有望見込み顧客	案件	商談	受注
フロー数	5,000件	4,500件	1,575件	551件	193件	68件
コンバージョン率	90％	**35％**	35％	35％	35％	-

　コンバージョン率を改善するために、プロセス内のチャネルと施策を検討してみます。プロセス間のコンバージョン率の向上に貢献できる、すなわち次のプロセスにつながる施策を実施します。

チャネルが単一の場合

　手始めに、単一のチャネルでそれぞれの施策を実行した場合を見てみましょう。ここでの有望見込み顧客の条件は、ウェブフォーム入力（商品スペック資料のダウンロードなど）とします。どのチャネルでどの程度のボリュームのマーケティングを実施すれば、何件

くらいコンバージョンするのか、シミュレーションしてみます。

　コンバージョン率が25％から35％へ改善することで生まれる、有望見込み顧客プロセスのフローの差分は450件です。現状に加え、年間で450件を有望見込み顧客のプロセスまで遷移させる必要があります。

　ここのコンバージョン率は当然、獲得してきたリードの品質で差が出ます。新規見込み顧客獲得のプロセスは、なんらかの個人情報を取得するタイミングですが、その時点で商品スペックをダウンロードしている見込み顧客が多くいれば、おのずとコンバージョン率は高まります。しかし、これは「今」興味のあるわずかな見込み顧客しか獲得できません。そこで、潜在的に購買可能性のある見込み顧客を集め、育成するプロセスが必要です。

　なぜ今回このプロセスの話をテーマにしているかというと、この部分を緻密にプランしていない事例がとても多いからです。獲得した見込み顧客を放置したり、なんとなく目標を持たずにメールを配信したりしているようなケースです。この中間プロセスまでしっかりプランするか否かは、後々の結果に大きく関わってきます。全体プロセスを整理し、各プロセスの明確な改善目標を数字として設定し、達成を目指すことで、意味のある施策となります。

　さて、この追加の450件をどうすれば達成できるのか、シミュレーションしてみましょう。つまり、製品に興味を持って資料をダウンロードする見込み顧客をどのように獲得するかを検討します。

　そのために、過去に実施した各チャネルの接触数、成功数、実施コストなどを整理します（**表2**）。過去の成功率のデータがあればシミュレーションは容易ですが、データがない場合は広告代理店などに相談してみてもよいでしょう。

注力するチャネルと施策の計画

149

表2：過去の実績を整理する

チャネル	接触数	成功数 （次のプロセスへ 進むフロー数）	成功率	実施回数	実施単価	コスト
セミナー	360件	72件	20%	12回	30万円	360万円
メール	6万件	180件	0.3%	24回	10万円	240万円
オンライン広告	1.2万件	73件	0.61%	12回	15万円	180万円
ウェブサイト （自然流入）	10万件	800件	0.8%	12回	20万円 ※SEO対策、 LPO費用	240万円

成功数（次のプロセスへ進むフロー数）＝ 1,125件

　この成功率をもとに、今年の目標数字をシミュレーションしてみます。また、新規見込み顧客の獲得は月を追って増加するため、メールなどは対象数が増加します。そこで、月ごとの計画に落とし込むことも必要です。

　検討の方針は、接触数を増やすか、成功率を高めるかです。各チャネルで考慮すべき代表的な点を以下に挙げます。

・ウェブサイトの自然流入の接触数は、自社で完全にコントロールするのが難しい
・オンライン広告はCPCが高騰する可能性がある
・メールは月に何度も送信すると、配信停止にする人が増加する

　このようなチャネルの特性もとらえて検討する必要があります。または新たなチャネルに挑戦するという選択肢もあるでしょう。ここでは、セミナーやメールの成功率を高め、オンライン広告とウェブサイトの接触数を増加させてみます（**表3**）。

表3：各チャネルの改善シミュレーション

チャネル	接触数	成功数 （次のプロセスへ 進むフロー数）	成功率	実施回数	実施単価	コスト
セミナー	360件	86件	24%	12回	30万円	360万円
メール	6万件	216件	0.36%	24回	10万円	240万円
オンライン広告	2.4万件	146件	0.61%	12回	30万円	360万円
ウェブサイト （自然流入）	12.5万件	1,000件	0.8%	12回	20万円 ※SEO対策、 LPO費用	240万円

成功数（次のプロセスへ進むフロー数）＝ 1,449件

　これでもまだ100件近く目標に届きません。そこで、迂回路、すなわちリサイクルを活用します。

　昨年滞留した3,000件程度の残高を活用して、そのうち3%を有望見込み顧客に再育成できれば、目標を達成できます。このリサイクル対象の見込み顧客に対しては、メールを活用します。リサイクル対象の見込み顧客の成功率は、新規見込み顧客のフローより低下する傾向にあるので、0.2%でシミュレーションします（**表4**）。

表4：リサイクル活用のシミュレーション

チャネル	接触数	成功数 （次のプロセスへ 進むフロー数）	成功率	実施回数	実施単価	コスト
セミナー	360件	86件	24%	12回	30万円	360万円
メール	6万件	216件	0.36%	24回	10万円	240万円
オンライン広告	2.4万件	146件	0.61%	12回	30万円	360万円
ウェブサイト （自然流入）	12.5万件	1,000件	0.8%	12回	20万円 ※SEO対策、 LPO費用	240万円
メール （顧客再育成）	7.2万件	144件	0.2%	24回	10万円	240万円

成功数（次のプロセスへ進むフロー数）＝ 1,593件

これで目標達成の目処が立ちました。ここまで整理ができれば、目標とする数字が明確になります。そして、これをさらに中間指標にまで落とし込めば、各施策の中間指標の目標も決まってきます。このようなベンチマークの数字を持って実行することで、施策の良し悪しを判断できるようになるのです。

今回はわかりやすく通年での話をしましたが、本来はもう少し短いスパンで考える必要があるかもしれません。スパンが異なっても、考え方や検討方法は同じです。

●クロスチャネルの検討

チャネルを組み合わせて、クロスチャネルの施策を検討することもできます。クロスチャネルのキャンペーンもコミュニケーションのカテゴリとして考え、チャネルと同列にします。

単体で実施した場合とクロスチャネルで実施した場合の効果の違いを計測してもよいでしょう。ダイレクトメールとメールキャンペーンを連動させて実施した施策は、単体で実施するより効果が上がるという調査結果もあります。日本郵便と名刺管理のクラウドベンダーであるSansanが実証実験を行った結果として、DMとメールを組み合わせると、クリック率がメールのみの場合の1.8倍にもなり、受注貢献も想定の10倍以上であったそうです（**図4**）。各チャネルの特徴をうまく活用できれば、それぞれが補完的に働き、効果を発揮するという大変興味深い実証結果です。

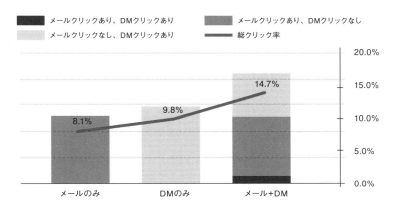

図4：DMとメールのクロスメディアでの施策結果（Sansan、日本郵便共同の実証実験結果）
出典：MarkeZine「MA × DM × メールで CTR1.8倍！ 最新アナログ活用法とは」
（https://markezine.jp/article/detail/25979）

　このようなクロスチャネルでマーケティングのシナリオを描き、マーケティング施策を実行するケースが増えています。この実行をサポートするのがマーケティングオートメーションの機能の1つでもあります。

●クロスチャネルの施策例

　クロスチャネルのマーケティング施策は、経験がないとなかなか考えるのが難しいかもしれません。そこで、以下に実例をいくつか紹介します。

　クロスチャネルのシナリオの整理方法は、これまで見たチャネルの測定指標と同様で、目標を定め、中間指標を決めていきます。例えば、育成目的のイベントやセミナーへの誘致であれば、「招待＞登録＞出席＞アンケートでの有望な回答」のような形です。

　その後に中間指標に沿って、誰に、どこで、何を、いつ実施するかを整理していきます。

・誰に：対象者

・どこで：コミュニケーションチャネル

・何を：施策

・いつ：実行時期

　そして、明確に目標達成までのプロセスを分解し、それを1つ1つ前進させていくためにできる施策を検討していきます。「シナリオを描いたけれど、顧客はその通りに動かない」という声を聞きますが、実際はこのような整理ができていないことが多いといえます。中間指標を定め、それを一歩ずつ前進させるというイメージを持つと、かなり整理ができると思います（**図5**、**図6**、**図7**）。

	告知	ウェブサイトアクセス	来店事前登録	来店
誰に	見込み顧客育成プロセスの顧客	キャンペーンサイトにアクセスした顧客	キャンペーンサイトから来店登録をした顧客	来店した顧客
どこで	メール、ウェブ、DM	メール、ウェブ	イベント、メール	メール、セールスチーム
何を	1.ウェブサイトでキャンペーンを告知する 2.告知メールを送信する 3.(2週間待機) 4.告知メールのリマインダーを送信する 5.(1週間待機) 6.メールに反応がない人へDMを送る	1.(1日待機) 2.来店事前登録がない場合、事前登録のメリットを訴求するメールを送信する 3.(3日待機) 4.来店事前登録がまだない場合、インセンティブ付き事前登録のメールを送信する	1.来店事前登録のサンキューメールを送信する 2.(7日待機) 3.来店までの期日が先の場合、来店店舗のアクセス情報や来店予定日のリマインダーを送信する	1.来店のサンキューメールを送信する 2.セールスチームの営業活動開始
いつ	2019年2月19日開始	アクセス時に実行	登録後に開始	来店後に開始

図5：メールとDMを活用した来店促進キャンペーン

4-3 注力するチャネルと施策の計画

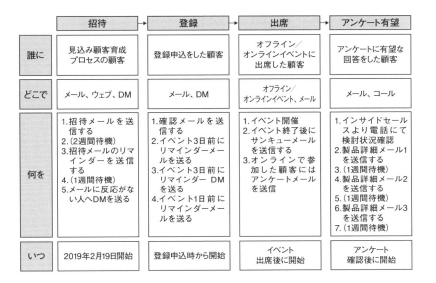

図6：メール、DM、イベントを組み合わせたクロスチャネルキャンペーン

図7：様々なチャネルを組み合わせたオンライン完結のキャンペーン

155

最近では、ウェブ形式のオンラインセミナー（ウェビナー）が行われるケースも増えてきています。欧米では一般的な取り組みですが、遠方や多忙な顧客の時間を効率よく使ってもらうために、日本でも実施する企業が増加中です。

たとえチャネルがメールだけでも、シナリオとして設計することができます。例えば、特定の製品への興味を促進させるために、育成シナリオを設計し、顧客の行動に応じてメールを配信していくような仕組み(ナーチャリングプログラム)を構築することも可能です。

このような仕組みを構築しておけば、すぐに商談化しない顧客を自動的に育成することや、リサイクルになった見込み顧客と継続的にコミュニケーションすることができます。また、購買検討が本格的になったタイミングをとらえるようなことも可能です（図8）。

図8：単一チャネルでのシナリオ

ここで紹介したようなクロスチャネルやシナリオ型のマーケティング実行をするためには、かつては大規模なシステム開発や、多くの作業をマーケティング担当者が実行・管理しなければなりません

でした。しかし今は、マーケティングオートメーションの登場でこれらのシナリオを容易に実行できます。

コストも労力も抑えられるようになったので、クロスチャネルでのマーケティングも一般的になってきています。

●「資産性のある施策」か「使い切りの施策」か

もう1つ検討しておくことがあります。施策の中でも**「資産性のある施策」**と、フロー的に**「使い切りの施策」**という2つの特徴があるからです。

例えば、オンライン広告はコストをかければ、期待通りのウェブサイトトラフィックを短期間に得られます。一方、SEO対策はウェブサイトのトラフィックを短期間に増やすことはできず、長期的な取り組みとなります。しかし、一度ウェブサイトのトラフィックを獲得できるようになると、オンライン広告のようにその都度コストを払わずとも、継続的なトラフィックが見込めます。

クロスチャネルでのマーケティング施策でも、一度きりのキャンペーンなのか、継続的に取り組むのかは、十分に検討しなければなりません。

短期的な視点で使い切りの施策にばかり投資していると、いずれ苦しい局面が出てきます。少し前までは、ECサイトでもオンライン広告に投資をしておけば、十分なROASが出せていました。ところが最近は、非常に厳しい状況になってきたという声を聞きます。

オンライン広告に投資を集中させていたマーケティングにどのようなことが起きたかというと、まずは競争の激化です。ECサイトに取り組む企業が増えれば増えるほど、オンライン広告での競争が激化し、CPC*が増加します。また、法規制やブラウザの仕様変更

＊ CPC：Cost Per Click の略。ネット広告の掲載料金の単位の1つで、クリック1回あたりの料金のこと。

もあります。以前より個人情報の取り扱い、特にサードパーティ
Cookieの利用が制限されてきています。サードパーティCookieは
オンライン広告におけるターゲティングの重要な役割を担っていま
すが、これが制限されるとオンライン広告の効果が低下していきま
す。

　このようなことが起きると、ROASが低下し、あっという間に赤
字に転落してしまいます。

　そこで企業は資産性の高いマーケティング活動に投資するように
なってきました。自社のホームページのコンテンツを充実させるの
もその1つです。

　他にも、購買顧客のリピート回数や見込み顧客獲得後のコンバー
ジョン率を高めるためにマーケティングオートメーションを導入し、
継続的な顧客フォローを実施するプログラムを構築するような取り
組みもあります。

●注力するチャネルと施策の選び方まとめ

　まとめると、以下の3点を検討しながら、注力するチャネルと施
策を決めていきます。

　　①単体チャネル
　　②クロスチャネル
　　③資産か使い切りか

　これらの側面から、注力するチャネルと施策を検討していきます。
オンライン・オフラインを組み合わせたセミナーや、リサイクル顧
客向けのナーチャリングプログラムも実施します。

　セミナーやナーチャリングプログラムは継続的に繰り返し活用で

きるので、使い切りではなく資産ととらえることができます。最初のワークフローの構築はコストがかかりますが、今後はメールを追加するコストだけで済みます。単一チャネルからクロスチャネル、使い切りから資産化可能なマーケティングの割合を高めることで、コスト効率を高められるのです（**表5**）。

表5：「資産か使い切りか」でチャネルや施策を整理する

チャネル	接触数	成功数	成功率	実施回数	実施単価	コスト	種別
セミナー （クロスチャネル）	720件	144件	20%	12回	30万円	360万円	資産（繰り返し実行可）
メール	6万件	216件	0.36%	24回	10万円	240万円	使い切り
オンライン広告	2.4万件	146件	0.61%	12回	30万円	360万円	使い切り
ウェブサイト （自然流入）	12.5万件	1,000件	0.8%	12回	20万円	240万円	資産
ナーチャリング プログラム （メール）	7.2万件	144件	0.2%	24回	10万円	240万円	資産[*]

成功数（次のプロセスへ進むフロー数）＝ 1,650 件

[*] リサイクル顧客に対しては同様のメールを繰り返し送信できるので、コスト効率が上がっていく可能性が高い。

4-4 施策効果のシミュレーション

実行する施策を選ぶためのシミュレーション

　施策の選定を行ううえで、どのくらい収益に貢献できるのか、効果のシミュレーションをする必要があります。ここでは、追加で実施する施策の収益とROIを見ていきます。

　ここまで取り上げた例は、見込み顧客育成のプロセスから有望見込み顧客になるまでのコンバージョン率を10％改善し、受注が約20件増加するという試算をしていました。受注単価が300万円だとすれば、20件の増加で6,000万円の売上アップに寄与することになります。

　表5のチャネル一覧の中から、**表6**に挙げたものを新規で投資する候補にします。

表6：新規に投資するチャネルの候補

チャネル	接触数	成功数	成功率	実施回数	実施単価	コスト
セミナー （クロスチャネル）	720件	144件	20％	12回	20万円	240万円
ナーチャリング プログラム （メール）	7.2万件	144件	0.2％	24回	10万円	240万円

　追加の成功数＝**288件**、追加のコスト＝**480万円**

このプロセスから受注まで至るコンバージョン率が約4%とすると、288件のうち約12件の受注増加に貢献する見込みになります。受注単価が300万円であれば、3,600万円の収益増加に貢献します。成功1人あたりが生み出すと想定される収益は、3,600万円／288件で12.5万円、利益率は30%、人件費は400万円として、それぞれのROIを計算してみたいと思います（**表7**）。

表7：投資の判断をするためにROIを計算する

チャネル	成功数	成功率	コスト	収益	利益率	粗利益	人件費	ROI
セミナー（クロスチャネル）	144件	20%	240万円	1,800万円	30%	540万円	200万円	23%
ナーチャリングプログラム（メール）	144件	0.2%	240万円	1,800万円	30%	540万円	200万円	23%

追加の成功数＝**288件**、追加のコスト＝**480万円**
追加の収益＝**3,600万円**、追加の人件費＝**400万円**

ROIはどちらも23%でした。目標とするROIに到達しているかどうかが、投資判断の分かれ目になります。もしROIに到達しないのであれば、何かコストを減らすか、中間指標が想定より上振れした場合のシミュレーションをするなど、多方向から検討してみる必要があります（新規施策なので、下振れの可能性も検討する必要があります）。

4-5 優先順位の決め方

優先順位はビジネスインパクトと作業量で考える

施策候補の中から、優先的に取り組む施策を絞り込む方法を解説します。優先順位はビジネスインパクトと作業量の関係で整理できます（**図9**）。

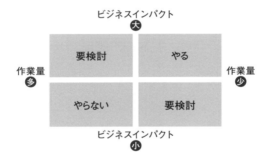

図9：ビジネスインパクトと作業量のマトリクス

「ビジネスインパクトが大きい」とは、大きな収益や高いROIが見込めるという意味です。ビジネスインパクトが大きく、作業量が少ないエリアに注力することが最も効率的です。

ビジネスインパクトが大きく、作業量が多いエリアは、システムを導入することで作業量の多さを克服できないか、検討してみる価値があります。例えば、先ほどのようなクロスチャネルでのキャンペーン実行に関しては、マーケティングオートメーションやデータマネジメントツールの導入が考えられます。

4-6 施策を実行するための プランニング

残高整理から目標達成までシミュレーションする

●残高のシミュレーション

施策の選定が終わったら、施策を実行するためのプランニングをする必要があります。前述のイベントを主軸としたクロスチャネルでのマーケティング施策を例に、プラン作成方法を見ていきましょう（**図10**）。

	招待	登録	出席	アンケート有望
誰に	見込み顧客育成プロセスの顧客	登録申込をした顧客	オフライン／オンラインイベントに出席した顧客	アンケートに有望な回答をした顧客
どこで	メール、ウェブ、DM	メール、DM	オフライン／オンラインイベント、メール	メール、コール
何を	1.招待メールを送信する 2.(2週間待機) 3.招待メールのリマインダーを送信する 4.(1週間待機) 5.メールに反応がない人へDMを送る	1.確認メールを送信する 2.イベント3日前にリマインダーメールを送る 3.イベント3日前にリマインダーDMを送る 4.イベント1日前にリマインダーメールを送る	1.イベント開催 2.イベント終了後にサンキューメールを送信する 3.オンラインで参加した顧客にはアンケートメールを送信	1.インサイドセールスより電話にて検討状況確認 2.製品詳細メール1を送信する 3.(1週間待機) 4.製品詳細メール2を送信する 5.(1週間待機) 6.製品詳細メール3を送信する 7.(1週間待機)
いつ	2019年2月19日開始	登録申込時から開始	イベント出席後に開始	アンケート確認後に開始

図10：メール、DM、イベントを組み合わせたクロスチャネルキャンペーン

まずは目標として、144件の成功を獲得するために、必要な接触数（イベントへの登録数）を設定します。逆算すると、720件となります。720件を12回のイベント開催で獲得するためには、毎回60件の登録が必要です。それでは、その道筋を立てていきます。

初めに、利用可能な資産（残高）を整理しましょう。昨年獲得し、育成プロセスに滞留している見込み顧客と、今後新規で獲得できる見込み顧客数の合計を算出します。そこから有望見込み顧客プロセスへのコンバージョン数を差し引き、各月で想定される残高を算出します（**表8**）。本施策以外からコンバージョンする見込み顧客もいるので、そこまで考慮するとより厳密なシミュレーションができます。

表8：残高のシミュレーション

前年までのリサイクル分も含めた見込み顧客の残高							4,000件					
残高予想	1月	2月	3月	4月	5月	6月	7月	8月	9月	10月	11月	12月
新規獲得	420件	420件	420件	420件	420件	420件	420件	420件	420件	420件	420件	420件
次プロセスへのコンバージョン率	35%	35%	35%	35%	35%	35%	35%	35%	35%	35%	35%	35%
次プロセスへのコンバージョン数	147件	147件	147件	147件	147件	147件	147件	147件	147件	147件	147件	147件
セミナー集客に利用できる残高（新規＋既存）	4,273件	4,546件	4,819件	5,092件	5,365件	5,638件	5,911件	6,184件	6,457件	6,730件	7,003件	7,276件

●中間指標のシミュレーション

続いて、中間指標の整理とシミュレーションをします。ここでは例として、メールのシミュレーションをしています。過去の実績値からコンバージョン率の目標を定め、各プロセスに必要なフロー数を算出します（**表9**）。

表9：中間指標のシミュレーション

中間指標	送信 （年間）	配信 （年間）	開封 （年間）	クリック （年間）	登録 （年間）	登録目標数 （月間）
対象者数	12万 2,449件	12万件	1.8万件	3,600件	720件	60件
コンバージョン率	98%	15%	20%	20%	-	-

●達成に向けたシミュレーション

　最後に、達成に向けたシミュレーションをします。この施策では、イベントの集客に向けて2回メールを送信します。そのため、各月の残高×2が送信数ということになります。目標となる送信数に対して、先ほどの中間指標のコンバージョン率の数字を利用し、達成に向けたシミュレーションをしてみます（**表10**）。

表10：達成に向けたシミュレーション

施策実績予想	1月	2月	3月	4月	5月	6月	7月	8月	9月	10月	11月	12月	合計
目標送信数	10,204件	10,204件	10,204件	10,204件	10,204件	10,204件	10,204件	10,204件	10,204件	10,204件	10,204件	10,204件	122,448件
利用可能な残高	4,273件	4,546件	4,819件	5,092件	5,365件	5,638件	5,911件	6,184件	6,457件	6,730件	7,003件	7,276件	69,294件
送信総数（2回/月）	8,546件	9,092件	9,638件	10,184件	10,730件	11,276件	11,822件	12,368件	12,914件	13,460件	14,006件	14,552件	138,588件
配信	8,375件	8,910件	9,445件	9,980件	10,515件	11,050件	11,586件	12,121件	12,656件	13,191件	13,726件	14,261件	135,816件
開封	1,256件	1,337件	1,417件	1,497件	1,577件	1,658件	1,738件	1,818件	1,898件	1,979件	2,059件	2,139件	20,372件
クリック	251回	267回	283回	299回	315回	332回	348回	364回	380回	396回	412回	428回	4,074回
登録	50件	53件	57件	60件	63件	66件	70件	73件	76件	79件	82件	86件	815件
達成率	84%	89%	94%	100%	105%	111%	116%	121%	127%	132%	137%	143%	113%

　1〜3月までは月の目標である60件には到達しませんが、4月以降は残高が増加し、最終的には113%の達成率となる予測です。

　このように計画をしておけば、様々な数字を活用して、施策の進捗をトラッキングできます。また、目標となる指標が細かく設定されることで、具体的な改善策を検討することもできます。

　施策のどの指標に課題があるのか、計画は達成できるのか。この

ように数字を分解して、施策のプランニングを行う必要があります。もちろん、登録後のイベントへの参加率や、アンケートの回収率という後半部分も数字を見ていく必要があります。

施策のベストケース／ワーストケースとプランB

●うまくいかなかったときにどうするか

すべて予定通りに進むことは稀だと考え、ベストケースとワーストケース、プランB（次善策）も作成しておくと安心です。先ほどのケースでいうと、配信から開封へのコンバージョン率が15%から10%へ下がった場合、一気に達成が難しくなります（**表11**、**表12**）。そういった場合の対応策を考えておきましょう。

表11：配信から開封へのコンバージョン率が15%から10%へ下がった場合

中間指標	送信 （年間）	配信 （年間）	開封 （年間）	クリック （年間）	登録 （年間）	登録目標数 （月間）
対象者数	**18万 3,673件**	18万件	1.8万件	3,600件	720件	60件
コンバージョン率	98%	**10%**	20%	20%	-	-

表12：コンバージョン率が10%に下がった場合の達成に向けたシミュレーション

施策実績予想	1月	2月	3月	4月	5月	6月	7月	8月	9月	10月	11月	12月	合計
目標送信数	15,306件	15,306件	15,306件	15,306件	15,306件	15,306件	15,306件	15,306件	15,306件	15,306件	15,306件	15,306件	183,672件
利用可能な残高	4,273件	4,546件	4,819件	5,092件	5,365件	5,638件	5,911件	6,184件	6,457件	6,730件	7,003件	7,276件	69,294件
送信総数 （2回/月）	8,546件	9,092件	9,638件	10,184件	10,730件	11,276件	11,822件	12,368件	12,914件	13,460件	14,006件	14,552件	138,588件
配信	8,375件	8,910件	9,445件	9,980件	10,515件	11,050件	11,586件	12,121件	12,656件	13,191件	13,726件	14,261件	135,816件
開封	838件	891件	945件	998件	1,052件	1,105件	1,159件	1,212件	1,266件	1,319件	1,373件	1,426件	13,582件
クリック	168回	178回	189回	200回	210回	221回	232回	242回	253回	264回	275回	285回	2,716回
登録	34件	36件	38件	40件	42件	44件	46件	48件	51件	53件	55件	57件	543件
達成率	56%	59%	63%	67%	70%	74%	77%	81%	84%	88%	92%	95%	75%

例えば、「想定通りの開封率が確保できなかったら、どのように施策を立て直すのか」というようなプランを考えておきます。

具体的な方法は後ほど説明しますが、これがないと停滞している施策をただただ呆然と眺めるだけになってしまうことが多いです。対処に時間がかかるだけならまだましで、結局打ち手が見えないというケースもあります。

|||||||||||||||||||||||||||||||||| COLUMN ||||||||||||||||||||||||||||||||||
数字指向で外部パートナーとよい関係を築く
|||||||||||||||||||||||||||||||||||||||||||||||||||||||||||||||||||||||||||||||

よくないのは、施策がうまくいかなかった責任を自分以外の何かに押し付けることです。これではノウハウもスキルも身につかないため、成長しません。特に、外部パートナーに対して具体的な改善要求もせず、「成果が出ていない」とか「レスポンスが遅かった」とかの抽象的な理由で、その責を問うケースを見かけます。これでは外部パートナーのモチベーションを下げるだけで、生産性が高い状態にはなりません。外部パートナーの質の良し悪しは、やはり数字で語る必要があると思います。

「バナーのCTRは何％をキープしてほしい。なぜならこの目標を達成するために必要だから。次のプロセスのコンバージョン率は何％にしたいので、具体的な改善策を持ってきてほしい」。このように数字で語れるようになる必要があります。

筆者は現在、外部パートナーとして顧客を支援する立場ですが、ありがたいことに数字を提示いただくことが多いです。それは一方でプレッシャーにもなります。こうして外部パートナーと切磋琢磨して成長していける関係を築けるのがベストです。

●プロセス改善の一歩目を決めておく

さて、ワーストケースに当てはまったような際に（もちろんワーストケースではない状態でも）、施策はよりよい成果を求めなければなりません。そのために実行プランの改善プロセスを定めておかなければなりません。

施策を改善するために最もよく利用される手法はABテストです。ABテストの計画立案については後ほど詳しく説明しますが、どのプロセスから着手するかを決めておくことが重要です。作業量が少なくて済む改善ポイントも把握しておく必要があります。

成果が芳しくないときに、どのプロセスから改善に着手するのか。そしてその見極めのタイミングはいつなのか。1カ月の施策であれば、「最初の1週間で見極めて、必要な指示を出す」といったことも決めておく必要があります。気付いてからでは遅いので、**最初から見極める日や期間を決めておく**のです。

これはデジタルだけの話ではありません。例えば、3日間の展示会に出展をするようなケースでも同様です。アンケート取得をコンバージョンとした施策で考えてみましょう。

展示会においては、「初日のブースへの来場者数が想定より少なかった場合は、このようなアクションを取る」ということを決めておくことができます。初日の来場者数が少ない場合は、その後の2日間でコンバージョン率を高める必要があります。来場者数が少なくてもアンケートの取得率が上がれば、結果的に目標を達成できるからです。改善の手段としては、インセンティブを追加で投入する、アンケートを項目の少ないものに切り替える、人員の比率を調整してブースに呼び込みする人を増やす、といったことが考えられます。

このようなプランを事前に立てておくことで、ワーストケースを回避できるようにしておきます。

成功確率を上げる事前調査

　実施施策の成功確率を上げるために、事前調査をしておきます。例えば、メールマガジンを配信する前に、少ない母数に絞ってABテストを実施することも事前調査の一種です。テスト群を用意して「メールA」と「メールB」を送信し、結果がよかったものを全体に配信します。

　また、運用型広告であれば、まずは少額の予算で「バナー広告A」と「バナー広告B」を実施してみて、結果がよかった方を本格的に運用していくことも可能です。

　新聞広告やチラシなどのオフラインでも、ウェブサイトやバナー広告でコピーや画像のテストができます。運用型広告と同様に、反応がよかったものを印刷すれば効果的でしょう。

　事前調査はぶっつけ本番にならないよう、スケジュールを確保する必要があります。しかし、上記の例のようなことができればよいとわかっていても、作業人員や時間が足りないという場合も多いかもしれません。

　そこで、社内で施策を実施するまでの作業プロセスを決めておきます。実施までの作業プロセスとして業務に組み込んでおけば、事前調査をかなり効率的に進めることができます。

第4章

数字指向でマーケティング施策を計画する

4-7 施策実行時の プロセスマネジメント

　マーケティングオペレーションを実行するうえで一番困るのが、「差し込み」の仕事です。例えば、「急遽、明日プレスリリースを発表することになったから、緊急で対応してほしい」というような要望が、ウェブサイトリニューアルの3日前に差し込まれるようなケースは日常茶飯事だと思います。

　社内的な事情に限らず、マーケットは日々変わっていくため、状況に応じて柔軟に対応することが求められます。また、1人1人が膨大なタスクを抱えていて、じっくりと戦略を立案する時間を割けないという声もよく聞きます。

　本節では、マーケティング実行に向けたプロセスマネジメントの方法を解説していきます。

役割と責任を振り分けるときのポイント

　ここからは、戦略や数字を計画する仕事とオペレーションの仕事を明確に分けて、生産性を上げていくことを検討します。マーケティング担当者には、戦略立案や数字の設計をできる人が多くはいないのが現状です。しかし、企業は戦略立案もオペレーションもできる人材を探しがちです。

　例えば、ウェブサイトの構築ディレクションができて、オンライン広告の測定計画やROIの試算もでき、さらにメール配信業務もやってくれるような人材が見つかるでしょうか。具体的な業務レベ

170

ルで考えてみると、すべてのスキルセットを持ち合わせた人材を探すのは困難だと気付くはずです。また、戦略立案ができる人がオペレーション業務まで行っていては、戦略を考える時間が失われてしまいます。

　一方、オペレーションを軸に人材を探した方が、採用の幅が広がるケースもあります。ウェブデザイン、ウェブサイトの構築、イベント・セミナーの運営、オンライン広告の運用、メール配信業務、CRMシステム運用など、スキルを分けて考えた方が選択肢が増えるのは明白です。

　また、オペレーションは外部パートナーに委託することが容易です。作業時間や作業内容に応じた一定の相場感もあり、見積もりもしやすいともいえます。

●役割と責任の整理

　「収益＞プロセス＞チャネル＞施策」の関係性に沿って、各役割と責任を明確にしていきます。当然、マーケティング全体の収益やROIに関しては、CMOが責任を持つ必要があります。各プロセスの責任者は、次のプロセスへのコンバージョン数とコンバージョン率に責任を持つ必要があります。

　全体プロセスに沿って役割と責任を整理することで、どの作業も明確な目標を設定できるようになります。複数のプロセスやチャネルを1人が担当しなければならないケースの方が多いと思いますが、それはまったく問題ありません。問題が起きるのは、役割や責任が明確になっていないものがあるときで、そこがボトルネックとなります（**図11**）。

171

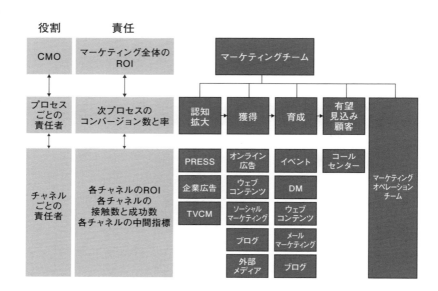

図11：戦略立案と実行の役割と責任と階層

　オペレーション系のチームの役割と責任についても考えてみましょう。オペレーション、すなわちマーケティング系システムの操作や、クリエイティブの制作業務に関しては、スキルを分散させず、集約することで効率性を高めていきます。

　オペレーションには専門知識が必要とされます。例えば、ウェブ制作であればHTMLやCSSの知識が必要ですし、メールマーケティングであればCRMの知識が必要になるかもしれません。しかし、前述のように戦略や戦術も立てられて、このような専門知識もあわせ持つ人は非常に少ないといえます。そこで、「戦略と戦術」「オペレーション」に分けて考え、組織を整理することで、役割と責任を明示できます。

　マネージャー層は人員の配置や、役割と責任に応じた必要なスキルセットを明確にすることが求められます。そして、これはパートナー企業に外注する際にも明確にするとよいでしょ

う。お互いの期待値のズレや、余計なコストの発生を抑えることにもつながります。

|||||||||||||||||||||||||||||||||| COLUMN ||||||||||||||||||||||||||||||||||

チーフ・レベニュー・オフィサー（CRO）

マーケティングチームの役割と責任の整理は重要です。CMO は全体のバランスを保ちながら適切に組織をリードする必要があり、非常に難易度の高い仕事といえます。

さらに、部門間での衝突が発生することも多々あります。セールスとマーケティングの協業は、世界のマーケターを最も悩ませるテーマの1つでもあります。収益という共通目標を持っているはずなのに、部門ごとに異なる固有の目標がこのような衝突を起こすのです。

アメリカでは近年、チーフ・レベニュー・オフィサー（CRO）という、プロセスに関わるすべての部門を率いる役割が登場しています。マーケティング、セールス、インサイドセールス、コンサルティング、カスタマーサクセスなど、売上に関わるすべての部門をまとめます。

CRO は、収益という共通目標を達成するために、部門間のフィードバックを適切に集約し、最適な組織運営をリードします。今後はこのような役割が、上記のような課題を解決してくれるかもしれません。

このあたりの詳しい解説は、『THE MODEL マーケティング・インサイドセールス・営業・カスタマーサクセスの標準プロセス』（翔泳社刊）に詳しく紹介されています。

●役割と責任の一覧表

　次に、役割と責任の一覧を作成します。そして、その役割をこなすために必要なスキルセットを洗い出し、担当者も明記しましょう。同じ人が複数の役割を担っていても問題ありません。外部パートナーに委託している場合は、パートナー名や担当者名を記載します（**表13**）。

　この整理を進めていくと、組織の中で手薄になっているところや、外部パートナーに大きく依存している部分など、様々なことが見えてきます。さらにROIの試算を掛け合わせることで、重要度ごとに人員配置を変えることも考えられます。

表13：役割と責任の一覧表

	役割	責任	目標	スキルセット
1	マーケティング統括	・企業戦略に沿ったマーケティング目標の設定 ・マーケティングの全活動における収益、ROI ・全体予算管理、意思決定	・収益 ・ROI	・マネジメントスキル ・マーケティング戦略立案の経験 ・収益分析
2	見込み顧客獲得責任者	・見込み顧客獲得の獲得数と後プロセスへのコンバージョン率 ・プロセス内の活動における収益、ROI ・プロセス内の予算とスケジュールの管理	・新規獲得件数 ・各プロセスのコンバージョン率	・マネジメントスキル ・新規顧客獲得におけるプランニング経験 ・収益分析
3	オンライン広告担当者	・オンライン広告経由での見込み顧客獲得数と後プロセスへのコンバージョン率 ・オンライン広告の収益、ROI ・オンライン広告の予算とスケジュールの管理	・オンライン広告経由での新規獲得件数 ・各プロセスへのコンバージョン率	・オンライン広告のプランニングと運用の経験 ・オンライン広告の効果分析 ・オンライン広告の改善

| 4 | オペレーショ
ンチーム
（ウェブ制作） | ・ウェブサイト運用
・バナー広告制作
・ランディングページ
　制作 | ・CTR
・直帰率
・平均ページビュ
　ー数
・制作日数 | ・HTML、CSS、Java
　Script の知識
・ウェブ制作または
　ディレクション経験
・タグマネジメント
　の知識 |

　このように役割と責任に加えて、必要なスキルセットを明確にしておくと、人材募集や外注を利用する際にも便利です。定期的にブラッシュアップをしておけば、フィットした人材を獲得できる可能性も高まります。

効果的なタスク管理の方法

●「スクラム」で柔軟な対応を

　マーケティングオペレーションのタスク管理には、「スクラム」という手法を活用できます。本書はスクラムの解説書ではないので細かな説明はしませんが、どういうものか簡単にお話ししておきます。

　スクラムは、もともとは多様な要求に柔軟に対応できるように考えられた、ITシステム構築のメソッドです。これは、マーケットの動向によって変更が多発するマーケティングのマネジメントにも活用できます。スクラムではチームが高い頻度でコミュニケーションを取り、また担当者それぞれの自発性を促進するので、プロジェクトの品質を高める狙いもあります。

175

●スクラムの実践例

　ある企業の例では、以下のような流れでスクラムを活用しています。

　①毎週1回、週内に対応が必要なタスクを募集
　②現在進行中のタスクと追加タスクを一覧化する
　③スケジュールと作業量を見積もる
　④優先順位を付けてオペレーションを実行する
　⑤①〜④を繰り返す

　このように、スクラムでは1週間〜2週間程度をひと区切りとして、タスクを回していきます。1週間では終わらないタスクもあるでしょうが、細かく進捗の確認をすることで問題点を早めにあぶり出したり、状況に応じてすぐに方向転換できたりします。

　タスクの追加が1週間単位で大丈夫なのかと思うかもしれませんが、実際にやってみるとマーケティングの実行については1週間単位でおおむねカバーできます。また、明日や明後日というような差し込み業務をかなり軽減でき、順調にプロジェクトを進めることができます。

　そうはいっても、どうしても突発的に対応しなければいけない業務は出てきます。そういう場合は、特別対応用のプロセスを設定しますが、その業務の依頼主は緊急性を証明する必要があります。このステップを入れることで、本当に緊急なものだけが差し込まれる形になります。

　スクラムの導入にあたっては、「ルールが厳しすぎる！」「他部門からクレームが入る！」という声が聞こえてきそうですし、実現は容易ではないかもしれません。しかし、長い目で見ると組織として

早め早めに動く習慣や、時間管理に対する意識が向上するので、痛みは伴いますが効率化には確実に貢献します。

さらに詳しく学習したい人は、書籍『ハッキング・マーケティング』（翔泳社刊）に詳しく書かれているので参照してください。

個々の施策におけるマネジメント

今度は施策単位でのマネジメント方法を見ていきたいと思います。ここでは、オンライン広告の運用を例にします。

●担当者の割り振りとスケジュール管理

まず、実行プランのスケジュールと成果物に合わせて、担当者を割り振ります。各担当はスケジュール通りに進行できるか、進行できないか、判断する必要があります。これが週次で行われているのが先ほどのスクラムの例です。そして、業務の調整が付けば、スケジュールと成果物に責任を持ち、施策を構築していきます。

●「ローンチフェーズ」と「運用フェーズ」

施策の工程は大きく2つに分かれており、それぞれローンチフェーズと運用フェーズです（**図12**）。

	Week 1	Week 2	Week 3	Week 4	Week 5	Week 6	Week 7	Week 8	Week 9	Week 10
施策1	ローンチ			運用						
施策2		ローンチ			運用					
施策3				ローンチ		運用				
施策4		ローンチ				運用				
施策5					ローンチ			運用		

図12：ローンチフェーズと運用フェーズ

ローンチフェーズは運用開始前の準備期間で、作業スケジュールを確定しやすいですが、意識してほしいことが1つあります。**図13**の損益分岐点を見てください。

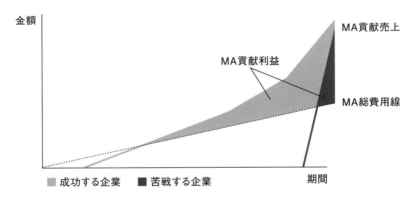

図13：損益分岐点とクイックウィン

これはマーケティングオートメーション（MA）の導入で「成功する企業」と「苦戦する企業」の損益分岐点を表したものです。ここではMarketoを導入してから利益が出るまでの推移になってい

ますが、他のマーケティングオートメーションの導入でも似たようになるでしょう。

このようなクラウドサービスは、利用期間に応じてコストが発生します。ここから何が見えるかというと、「成功する企業」は**小さな施策を積み重ねて、じわじわと成果を上げている**のに対し、「苦戦する企業」では練りに練った大きな施策で成果を上げているという点です。最終的な一時点での成果（＝利益）が出ていることに変わりはありませんが、その面積を比較すると「成功する企業」の方が圧倒的に大きくなります。これは、小さな施策から素早く始めることの重要性を意味しています。

デジタルマーケティングの世界では、運用しながら最適化していくことが可能です。街頭看板であれば、一度掲載したものを差し替えるには大きなコストが必要ですが、バナー広告の差し替えは大してコストがかかりません。ブランディングを損なわない程度の出来（70%程度の完成度）であれば、いち早くスタートし、顧客の反応を見ながら最適化をした方が効果的なことが多いです。

マーケティングは結局のところ顧客ありきなので、顧客の反応に合わせてフィットさせていく方が正しいという考え方ができます。最適化を実施するという前提で、運用フェーズを検討しておきます（**図14**）。

	Week1	Week2	Week3	Week4	Week5	Week6	Week7
施策A	ローンチ			運用			

↓

	Week1	Week2	Week3	Week4	Week5	Week6	Week7
施策B	ローンチ		運用	レビュー	最適化	レビュー	最適化

A:収益	—	—	—	¥500,000	¥500,000	¥500,000	¥500,000	*¥2,000,000*
B:収益	—	—	¥400,000	¥400,000	¥480,000	¥480,000	¥576,000	*¥2,336,000*

図14：顧客の反応に合わせて最適化できるように運用フェーズを検討する

●最適化のチャンスを増やしていく

オンライン広告を1カ月運用するとき、スクラムのような週次のマネジメントをすれば、最適化のチャンスが3回あります。最適化にかかる作業も最初から見積もりに入れておくことで、余裕を持って業務を進めることができます。「効果が悪いから至急バナーを修正してください！」というようなことをしていると、すぐには対応ができないケースや、他の業務に支障が出ることもあります。

また、このようなマネジメントにおいても数字が役立ちます。各担当に明確な数字目標があることで、当事者意識が芽生えるのです。一方、「自分は数字に関係ない」と思っていては、自発的に改善策を考えることはないでしょう。

4-8 数字指向のマーケティングオペレーション

　オペレーション自体も数字で考えることが重要です。そのためには業務にかかった時間を管理しておく必要があります。バナー作成にかかった時間をきちんと管理しておけば、次に同様の作業を行う際の見積もりに活用できます。また、時間は金額に換算することも可能です。

　施策で得た収益を施策実行にかかった時間で割れば、1時間にいくらの利益に貢献したかを証明できます。オペレーションチームとしての生産性を証明でき、品質向上にも役立ちます。もちろん数字として可視化すると、オペレーションチーム自身も生産性を高めていく必要が出てきますが、見えにくい部分を見えるようにして、きちんと評価することがとても重要だと思います。

　仕事と会社の成長が直結しているという実感を持つとモチベーションが上がりますし、改善すべきポイントも見えてきます。業務量が多すぎて厳しい状況であれば、追加人員の必要性も数字として説明できます。

　このようにマーケティング業務の実行においては、役割と責任を明確にし、オペレーションの計画まで事前に行っておく必要があります。実行するのが外部パートナーであっても、同じことがいえます。外注コストと収益が見合うかを検討する際にも、数字指向のオペレーション分析は役に立つはずです。

181

COLUMN
業務管理に役立つツール

　筆者は以前勤めていた会社で業務管理をしていましたが、作業量が多すぎてパンクしていたことがありました。人員追加という道もあったのですが、業務内容的にはシステムで効率化できるのではないかと考えました。そこで出会ったのがマーケティングオートメーションです。結果的には、ある業務の工数が従来に比べて4分の1まで削減でき、生産性を大幅に向上できました。

　当時の私は自作のExcel表で管理していたのですが、今は便利なツールがたくさんあるので、ぜひ活用してみてください。Jira SoftwareやTrelloなどが有名です（図15、図16）。

図15：Jira Software
　　　https://ja.atlassian.com/software/jira

図16：Trello
　　　 https://trello.com/

第4章のポイント

●明確な目標と目的があり、それを評価できる指標を持っていれば、施策の計画から実行までの期間を短くできます。

●施策を検討する際は、各プロセスのフローやコンバージョン率の改善シミュレーションを行い、注力するプロセスを決めます。

●各チャネルや施策から、どの程度の効果が得られるのかを明確にする必要があります。接触数と成功数（率）、コストなどから、最も効果のあるチャネルや施策を導き出します。

●単一のチャネルだけでなく、複数のチャネルをミックスしたクロスチャネルでの施策も一般的になってきています。

●優先順位決めや、ベストケース／ワーストケースの作成など、事前準備を行うことで成功確率を高め、常に早めの対策を行うことができます。

●「収益＞プロセス＞チャネル＞施策」の関係性に沿って、各役割と責任を明確にしていきます。人員配置や必要なスキルセットを明確にすることにもつながります。

●最適化を見込んだ計画を立て、ローンチまでの期間を短縮し、運用フェーズの最適化チャンスを増やすことが施策を成功させるための重要なポイントです。

第 **5** 章

適切な効果測定と分析方法

5-1 | 効果分析において大切なこと

これまで収益プラン、測定計画、そして施策の実行計画について解説してきました。本章では、マーケティング実行後の効果分析を取り上げます。

効果を分析し改善する

前章までで明確な収益目標、そしてその進捗をトラッキングする測定計画を立案できました。さらに各チャネルや施策が生み出す収益やROIのシミュレーションも行っています。

次のステップは、それらを集計し、分析し、正しい指標を経営層にレポートすることです。もしくは、施策の改善に取り組むことです。生きた数字をマーケティングの成果と改善に活用していく重要なステップです。

数字指向のマーケターは、マーケティングのほとんどを数字で説明でき、そして分析できます。

効果分析もドリルダウンで

進め方はこれまでと同じ考え方です。つまり、「収益＞プロセス＞チャネル＞施策」の順番です。

収益にどのような効果をもたらしたのか。進捗はどうなのか。収

益やROIが計画通りに出ていないのであれば、全体プロセスのどこに問題があるのか。問題のあるプロセス内では、どのチャネルが効果を出していて、どれが出していないのか。また、チャネル内の施策の効果はどうなっているのか。このように、目標から細部までドリルダウンするような形で分析していきます。

5 – 1

効果分析において大切なこと

5-2 収益効果分析とプロセスマネジメント

ボトルネックを洗い出す

●全体プロセスから課題を発見する

効果分析の第一歩として、当初計画した収益プランと現在の進捗を確認していきましょう。まずは全体プロセスの残高数の確認からです（図1）。

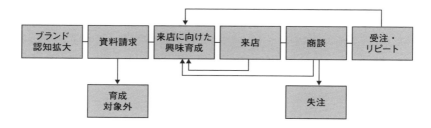

図1：全体プロセスの残高数の確認

この例では当初計画していた受注数に届いていませんが、全体プロセスを見ると、どこに課題があるのか一目瞭然ですね。特に問題があるのは、来店に向けた興味育成のプロセスから来店に至るまでのコンバージョン率のようです。

このように、事前の計画をしっかり実施しておけば、改善するべきボトルネックが明瞭に浮かび上がります。

●外部要因を差し引く

要因が簡単には明瞭にならないこともあります。マーケティングはたびたび外部環境の影響を受けることがあるからです。例えば、テレビ番組でバナナの健康効果が取り上げられ、翌日にコンビニやスーパーのバナナが売り切れになっているようなことがあると思います。

これはマーケティングの計画外で起こったことで、想定していた数字とはかけ離れたものになります。嬉しい悲鳴といえますが、分析上はなかなか手強いことになってきます。マーケティング施策の効果を測定するうえでは、外部要因による影響を受けて上振れしたものは差し引き、現実的な姿に戻す必要があります。

テレビ番組で自社の製品のカテゴリに関する特番が組まれたとします。その期間に獲得した問い合わせは、前週と比べてどの程度上振れしたのか。そういう数字を見て、「これはマーケティング施策以外の効果である」と認識を持つことも大切です。

その認識を持っていないと、次回以降のシミュレーションで過去のデータを活用するとき、達成が難しい数字目標を掲げてしまうかもしれません。経営層には、正しい数字を理解してもらいましょう。

外部要因が影響を与えるケースは多々あると思いますが、それに瞬時に気付けるのも、事前の計画がしっかりしているからです。事前の計画がなければ、本来マーケティング活動で得た収益も、すべてテレビの効果と解釈されかねません。

5-3 見込み顧客の種類による全体プロセス分析

　全体プロセスのボトルネックを分析するうえで、もう1つの作業があります。それは見込み顧客をカテゴリごとに分類して、全体プロセスを分析する作業です。分析する目線はいくつかありますが、代表的なものを紹介していきます。

新規見込み顧客の獲得元でプロセスを分ける

　リードソースと呼ばれることも多いですが、「見込み顧客をどこから獲得してきたか」という情報をもとにプロセスを分解する方法があります。

　例えば、オンライン広告なのか、イベントなのかによって分けて考えます。さらに、オンライン広告であれば、Googleのネットワーク広告からなのか、Yahoo! のリスティング広告からなのか、きちんと分けていきます。こうすることで、どの獲得経路が最も収益に貢献しているのかを分析することができます（**表1**）。

表1：新規見込み顧客の獲得元別プロセス

獲得元チャネル	指標	見込み顧客獲得	見込み顧客育成	有望見込み顧客	アポイント	商談	受注	獲得から受注までのコンバージョン率
展示会	フロー	3,000件	2,550件	510件	128件	51件	18件	0.60%
	コンバージョン率	85%	20%	25%	40%	35%		
	残高	450件	2,040件	382件	77件	33件		

	指標	見込み顧客獲得	見込み顧客育成	有望見込み顧客	アポイント	商談	受注	コンバージョン率
セミナー	フロー	1,000件	950件	380件	133件	53件	19件	1.86%
	コンバージョン率	95%	40%	35%	40%	35%		
	残高	50件	570件	247件	80件	34件		
オンライン広告	フロー	1,200件	1,140件	342件	120件	48件	17件	1.40%
	コンバージョン率	95%	30%	35%	40%	35%		
	残高	60件	798件	222件	72件	31件		
ウェブコンテンツ	フロー	1,000件	950件	333件	116件	47件	16件	1.63%
	コンバージョン率	95%	35%	35%	40%	35%		
	残高	50件	618件	216件	69件	31件		
ブログ	フロー	800件	760件	190件	67件	27件	9件	1.16%
	コンバージョン率	95%	25%	35%	40%	35%		
	残高	40件	570件	123件	40件	18件		
ソーシャル	フロー	400件	340件	85件	26件	10件	4件	0.89%
	コンバージョン率	85%	25%	30%	40%	35%		
	残高	60件	255件	59件	16件	6件		

顧客（企業）属性別にプロセスを分ける

　顧客の属性によっても同様の分析を行う必要があります。例えば、性別や年齢、住所などの個人情報で分類します。BtoBであれば業種、会社規模、部署などの情報で分類することもできるでしょう（**表2**）。

表2：顧客（企業）属性別プロセス

業界別プロセス	指標	見込み顧客獲得	見込み顧客育成	有望見込み顧客	アポイント	商談	受注	獲得から受注までのコンバージョン率
製造業	フロー	1,500件	1,425件	356件	107件	43件	15件	1.00%
	コンバージョン率	95%	25%	30%	40%	35%		
	残高	75件	1,069件	249件	64件	28件		
IT	フロー	1,000件	950件	333件	116件	47件	16件	1.63%
	コンバージョン率	95%	35%	35%	40%	35%		
	残高	50件	617件	217件	69件	31件		
保険・不動産	フロー	**100件**	95件	48件	24件	10件	3件	**3.33%**
	コンバージョン率	95%	50%	50%	40%	35%		
	残高	5件	47件	24件	14件	7件		

	指標							
教育	フロー	1,000件	900件	270件	68件	27件	9件	0.95%
	コンバージョン率	90%	30%	25%	40%	35%		
	残高	100件	630件	202件	41件	18件		
医療	フロー	1,000件	850件	170件	43件	17件	6件	0.60%
	コンバージョン率	85%	20%	25%	40%	35%		
	残高	150件	680件	127件	26件	11件		

　このように整理していくと、コンバージョン率が高いのに、獲得できていない領域が見えてきます。これはすなわち、自社の製品のターゲットになる可能性が高いことを示唆しています。この領域への新規獲得を増やせるように、マーケティング全体の投資を再配分することや、新たなマーケティングメッセージの開発、業界特化したマーケティング展開など、新たなチャンスを発見することができます。

属性と獲得経路を組み合わせる

　さらにこれらを掛け合わせて分析することも可能です。そうすれば、属性別に効果的な獲得経路を理解できます（**表3**）。

表3：属性と獲得経路の組み合わせプロセス

業界別プロセス		指標	見込み顧客獲得	見込み顧客育成	有望見込み顧客	アポイント	商談	受注	獲得から受注までのコンバージョン率
保険・不動産	展示会	フロー	40件	34件	12件	5件	2件	1件	1.87%
		コンバージョン率	85%	35%	45%	40%	35%		
		残高	6件	22件	7件	3件	1件		
	セミナー	フロー	5件	5件	2件	1件	0件	0件	2.99%
		コンバージョン率	95%	45%	50%	40%	35%		
		残高	0件	3件	1件	1件	0件		
	オンライン広告	フロー	30件	29件	14件	7件	3件	1件	3.33%
		コンバージョン率	95%	50%	50%	40%	35%		
		残高	1件	15件	7件	4件	2件		

保険・不動産	ウェブ コンテンツ	フロー	15件	14件	9件	4件	2件	1件	3.99%
		コンバージョン率	95%	60%	50%	40%	35%		
		残高	1件	5件	5件	2件	1件		
	ブログ	フロー	5件	5件	2件	1件	0件	0件	2.99%
		コンバージョン率	95%	45%	50%	40%	35%		
		残高	0件	3件	1件	1件	0件		
	ソーシャル	フロー	5件	4件	2件	1件	0件	0件	2.68%
		コンバージョン率	85%	45%	50%	40%	35%		
		残高	1件	2件	1件	1件	0件		

　ターゲットとする属性に対してどのチャネルを強化していけばよいのか、このケースでは母数が少ないので、まだ明確な答えは出せないと思います。しかし実際には、このような状況は多々あります。その際は前半のプロセスをさらに分析し、仮説を立てていきます。

　例えば、どのようなウェブコンテンツに反応しているのかといったことを突き詰めると、何か1つのコンテンツに反応しているかもしれません。それがわかれば、そのテーマに関するコンテンツを今後充足していく、オンライン広告で出稿していく、近いテーマのイベントがないか調査する、といった具体的なアクションを検討できます。そのためにも全体プロセスを整理しておくことが大切です。受注数だけを見ていては、このようなことには気付きません。

5-4 チャネル・施策ごとの効果分析

　チャネル・施策ごとに効果を分析して、それを売上への貢献と関連付けて説明するというのは、マーケティング担当者にとって最も大きなチャレンジです。多くの人が悩みを抱えている点もここにあります。

　ECサイトのように施策のコンバージョンが売上に直結しているケースは理解が容易ですが、対面でのセールス活動が絡むビジネスにおいては、その関連性を説明するのが難しいケースがあります。理由はこれまで説明してきた通りです。

チャネル・施策の効果測定 4 つのレベル

　本節では、以下の4つのレベルでチャネルおよび施策の効果測定ができるよう解説していきます。

　①初回タッチポイント
　②中間タッチポイント
　③マルチタッチポイント
　④テストグループとコントロールグループ

初回タッチポイントの効果分析

初回タッチポイントは新規見込み顧客の獲得元と近いですが、タッチ数（接触数）も含めて分析していきます。その効果測定方法について見ていきましょう。

この指標は、「マーケットのカバレッジ（網羅率）をどこまで広げたのか」「それはどのようなチャネルから広げたのか」という視点で企業の成長への貢献を示すことができる、非常にわかりやすい指標となります（**表4**）。

表4：初回タッチポイントのレポートイメージ

チャネル	施策	指標	見込み顧客獲得	見込み顧客育成	有望見込み顧客	アポイント	商談	受注	獲得から受注までのコンバージョン率
オンライン広告	キャンペーン1	フロー	100件	85件	21件	7件	3件	1件	1.04%
		コンバージョン率	85%	25%	35%	40%	35%		
		残高	15件	64件	14件	4件	2件		
	キャンペーン2	フロー	200件	190件	57件	29件	11件	4件	2.00%
		コンバージョン率	95%	30%	50%	40%	35%		
		残高	10件	133件	28件	18件	7件		
	キャンペーン3	フロー	300件	285件	100件	50件	20件	7件	2.33%
		コンバージョン率	95%	35%	50%	40%	35%		
		残高	15件	185件	50件	30件	13件		
	キャンペーン4	フロー	200件	190件	86件	43件	17件	6件	2.99%
		コンバージョン率	95%	45%	50%	40%	35%		
		残高	10件	104件	43件	26件	11件		
	キャンペーン5	フロー	140件	133件	60件	30件	12件	4件	2.99%
		コンバージョン率	95%	45%	50%	40%	35%		
		残高	7件	73件	30件	18件	8件		
	キャンペーン6	フロー	200件	170件	77件	38件	15件	5件	2.68%
		コンバージョン率	85%	45%	50%	40%	35%		
		残高	30件	93件	39件	23件	10件		

●獲得コストと獲得単価

　この初回タッチポイントのレポートとして利用される指標としては、**獲得コスト**と**獲得単価**がよく挙げられます。

　獲得単価はCPA（Cost Per Acquisition）とも呼ばれますが、これが高いとか安いとかいうのが最も一般的な判断軸となります。しかし、見込み顧客を大量に得られるような安い獲得単価ばかり追求していると、見込み顧客の質が低下し、やがてビジネスに悪影響を与えるようになります。

　そこで、質を評価するためには、前述のようにプロセス全体の中で獲得したリードがどのような効果をもたらしているのかを測定する必要があります。

　どの初回タッチポイントが受注に至っているのかを明確にできれば、受注に至らないタッチポイントは削減し、より受注に至る可能性が高い獲得経路に投資することが考えられます。例えば、展示会が良質な見込み顧客を獲得できそうだと判断すれば、より大きなブースで、より目立つ場所に出展し、より多くの見込み顧客を獲得しようと企画できます。

●初回タッチポイントの効果測定は真っ先に取り組む

　初回タッチポイントの費用対効果は極めて算出が容易で、まず取り組むべき効果分析です。ただし、全体プロセスの設計をしておかなければ、その効果の見極めを誤り、量にフォーカスを当ててしまいやすいといえます。そうすると、結果的にはビジネス全体へ悪影響を与えてしまうので注意しましょう。

中間タッチポイントの効果分析

中間タッチポイントの効果分析は、マーケティング担当者を悩ませることの1つではないでしょうか。しかし、全体プロセスの設計がしっかりできていれば、中間タッチポイントの効果分析もかなり容易になります。

●プロセス間のコンバージョン率を目安にする

中間のタッチポイントの効果を測りやすい数字は何でしょうか？それは**プロセス間のコンバージョン率**です。

例えば、受注単価が1,000万円のビジネスで、新規見込み顧客の獲得に1億円投資して、1万件獲得しているとします。受注に至るまでのコンバージョン率は1％だとすると、100件の受注ができることになります。

100件受注できるとすると、売上は10億円です。このコンバージョン率を3％に引き上げることができれば、売上は30億円に増加します。この20億円の増加分は中間タッチポイントの効果とみなすことができるのです。

このように、中間のタッチポイント全体でコンバージョン率をもとに効果が出せているか、出せていないかを判断できます。

●中間プロセス内の各チャネル・施策の効果測定

続いて、中間のタッチポイントの中でどのチャネル・施策が効果を出しているのかを分析していきます。

この際に最も重要な視点は、商談または受注に至った顧客は、どのようなタッチポイントと接触しているかという点です。

中間のタッチポイントで活用されたチャネルの接触数と商談化率、

受注率などを見ていきます。そして、チャネル内のプロセスと成功指標を見て、どの施策が最も貢献しているのかをチェックします(**表5**)。こうやって見ると、意味のある施策と意味のない施策がわかってくると思います。

表5：中間タッチポイントの成果

チャネル	中間タッチポイント	接触数	成功率	成功数	商談化率	商談数	受注率	受注数
セミナー	セミナー1	50件	100%	50件	10%	5件	30%	2件
	セミナー2	50件	100%	50件	12%	6件	30%	2件
	セミナー3	40件	100%	40件	15%	6件	30%	2件
	セミナー4	30件	100%	30件	35%	11件	30%	3件
	セミナー5	20件	100%	20件	7%	1件	30%	0件
	セミナー6	50件	100%	50件	12%	6件	30%	2件
	…							
メール	メール施策1	12,000件	0.6%	72件	8%	6件	30%	2件
	メール施策2	12,500件	0.2%	25件	7%	2件	30%	1件
	メール施策3	13,000件	0.3%	39件	10%	4件	30%	1件
	メール施策4	13,500件	0.8%	108件	11%	12件	30%	4件
	メール施策5	14,000件	0.3%	42件	8%	3件	30%	1件
	メール施策6	14,500件	0.1%	15件	10%	1件	30%	0件
	…							
ウェブコンテンツ	ウェブコンテンツ1	5,000件	1.0%	50件	2%	1件	30%	0件
	ウェブコンテンツ2	4,500件	1.0%	45件	6%	3件	30%	1件
	ウェブコンテンツ3	3,000件	3.0%	90件	10%	9件	30%	3件
	ウェブコンテンツ4	5,500件	1.0%	55件	12%	7件	30%	2件
	ウェブコンテンツ5	6,000件	1.5%	90件	12%	11件	30%	3件
	ウェブコンテンツ6	10,000件	1.0%	100件	10%	10件	30%	3件
	…							

COLUMN
絶大なリードナーチャリングの効果

　筆者がマーケターになったばかりの頃は、見込み顧客獲得の量だけを追い求め、質はあまり考慮していませんでした。理由は簡単で、量を獲得するのと比例して売上が伸びていたからです。新規見込み顧客をどんどん獲得して、セールスチームに引き渡すことができれば売上が伸びていくので、そこに集中していればよかったのです。

　しかしこのような考え方だと、ある時期から質の低い見込み顧客も獲得するようになっていきます。それは量だけを意識していると必ず起こることのように思います。

　私自身も「このままでは余分なコストばかりが出てしまうから、やり方を見直さないといけない」と思い始めました。そんなある日、セールスチームから「たくさん見込み顧客が来るのはありがたいが、全然受注に至らない。質の悪い見込み顧客はいらないから、もっと購買意向のある見込み顧客を獲得してくれないか？」と相談されました。そして、獲得した見込み顧客の何％が受注に至っているかを計算してみると3％でした。

　これを5％に伸ばすことができれば、ものすごいインパクトだと気付き、リードナーチャリングの仕組みを導入することにしました。当時、マーケティングオートメーションの仕組みは日本では一般的ではありませんでしたから、メール配信ツールを導入して、簡単なメールマーケティングを導入しました。セールスからは有望な見込み顧客を渡してほしいと言われていたので、事前に興味度合いをメールやウェブでヒアリングする仕組み（簡単なフォーム）も導入しました。

　その効果は非常に大きいものになりました。それまではセールス

チームが見込み顧客にコンタクトし、商談化する形だったのですが、見込み顧客の方から商談を要望するようになり始めました。また、商談化率とメール反応率（開封またはクリック）を見てみると、明らかに商談化した見込み顧客の方が反応率が高いこともわかりました。

　これを本格的に強化すれば非常に大きな改善が見込めると思い、出会ったのがマルケトでした。マルケト導入後のコンバージョン率は5%、今では9%という数字を達成しています。

　これは同じ獲得コストで、3倍の売上を達成できる計算になります。セールスチームの稼動も効率化され、その波及効果はとても大きなものになりました。

マルチタッチポイントの効果分析

　顧客は複数のタッチポイントに接触して、購買の意思決定を行っています。その複数のタッチポイントの貢献度を総合的に評価する、最もシンプルな方法を説明します。この効果分析を行ううえでもやはり、全体プロセスとチャネルの関係が重要となります。

●マルチタッチポイント分析のイメージ

　顧客が複数のタッチポイントに接触するイメージとしては、全体プロセスの中で**表6**のようなイメージです。

表6：マルチタッチポイントと全体プロセス

日付	アクティビティログ	チャネル	プロセス	収益
2018/2/19	展示会でアンケートに記入（成功）	展示会	新規獲得	
2018/2/19	ウェブコンテンツ閲覧	ウェブコンテンツ		
2018/2/23	オンライン広告をクリック	オンライン広告		
2018/2/27	メール内のリンクをクリック	メール		
2018/2/27	ウェブコンテンツを閲覧	ウェブコンテンツ	育成	
2018/3/2	オンライン広告をクリック	オンライン広告		
2018/3/2	ウェブコンテンツを閲覧	ウェブコンテンツ		
2018/3/3	セミナーへ参加登録	セミナー		
2018/3/12	セミナーへ参加（成功）	セミナー		
2018/3/13	メール内のリンクをクリックし、製品仕様資料をダウンロード	メール	有望	
2018/3/13	インサイドセールスよりコール（成功）	コール		
2018/3/20	アポイント取得	コール	アポイント	
2018/4/1	商談作成		商談	120万円
2018/4/20	受注完了		受注	100万円

チャネル	成功 （1 = Yes、0 = No）	収益按分
展示会	1	25万円
セミナー	1	25万円
メール	1	25万円
オンライン広告	0	
ウェブコンテンツ	0	
コール	1	25万円
ソーシャル	0	
ナーチャリングプログラム	0	
合計チャネル数	4	

　1人の顧客が、全体プロセスの中でどのタッチポイントに接触したかを時系列でトラッキングできていないと、この分析はできません。

　トラッキングができているという前提で、最もシンプルな方法として挙げられるのが、**チャネルごとの成功に対して顧客が生み出した売上を創出効果として按分する**方法です。

　例えばある顧客が購買までにメール、ウェブ、オンライン広告な

どの複数のタッチポイントと接触し、成功と定義された行動をした
とします。それらの各チャネルと施策に、成功の顧客の売上を按分
して、成果として評価します（**表7**）。これをもとに、各チャネル
と施策の実行にかかったコストから、ROIを算出できます。

表7：マルチタッチポイントへの売上を按分

チャネル	総接触数	総収益按分
展示会	12回	240万円
セミナー	14回	280万円
メール	10回	200万円
オンライン広告	11回	220万円
ウェブコンテンツ	23回	460万円
合計	70回	1,400万円

　ここではマルチタッチポイントの分析をしているので、1人の人
が各チャネルで複数カウントされています。受注数とは合わない点
に注意してください。

●初回タッチポイントばかり見ない

　初回タッチポイントにばかりフォーカスしていると、どうしても
新規獲得効果の高い施策が際立つ傾向になります。しかし一方で、
実際には中間のタッチポイントで売上にインパクトがあるものも多
分にあるはずです。

　例えば、中間のタッチポイントとしてセミナーを開催していると
します。見込み顧客向けのセミナーで、興味を高めるために実施し
ているものです。これらの効果はその後、売上に至ったかという点
を部分的には評価できますが、他にも新規獲得に向けて実施した施
策や、クロージングに向けて実施した施策など、あらゆる施策をあ
わせて売上を達成しています。

　例えば、初回タッチポイントだけを効果分析していると、**表8**の

ような表になります。

表8：初回タッチポイントの効果分析

初回タッチポイント	受注数	収益
展示会	8件	400万円
セミナー	0件	0円
メール	0件	0円
オンライン広告	6件	300万円
ウェブコンテンツ	14件	700万円
合計	28件	1,400万円

　一方で**表7**のようにマルチタッチポイントを分析すると、中間タッチポイントが購買の意思決定に与えている影響が見て取れます。

　例えば、マルチタッチポイントの分析によってセミナーが購買の意思決定に大きなインパクトを与えていることがわかれば、プロセスの中間ゴールをセミナー集客にして、各施策を組み立て直すこともできると思いますし、セミナー自体の量や質の向上を優先することもできるでしょう。

　このように、マルチタッチポイントでの分析は非常に大きな示唆を与えてくれますが、全体プロセスと顧客のタッチポイント管理ができていないと、この分析は困難なものになります。マーケティングオートメーションのシステムでは、このようなマルチタッチポイントの管理と集計を自動的に実施してくれる機能を備えています。参考までに、マルケトのレポートを**図2**に紹介します。

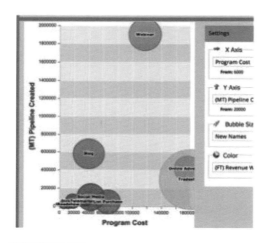

図2：マルチタッチポイントの管理と集計
　※ MT＝マルチタッチ

●「重み付け」を検討する

　また、単純に按分するだけでは、正しい効果が測れないケースもあるでしょう。例えば、メールとセミナーでは、施策の検討度合いやコストの「重み付け」も含めて検討する必要があるからです。大まかな分析はこの方法で可能ですが、より厳密に行う場合は、高度な数理モデルが必要となります。

　いくつか重み付けの方法を紹介します。

時間軸

　一部のタッチポイントについては、価値をもたらした顧客の行動との関連で、それが**いつ頃発生したか**にもとづいて、その他のタッチポイントよりも大きく加重するようにします。例えば、「先週ある見込み顧客があるセミナーへ参加した」「6カ月前にホワイトペーパーをダウンロードした」「12カ月前に展示会へ参加した」という3つのタッチポイントがあったとします。その場合、先週のセミナーへの参加が購買の意思決定に大きな役割を担った可能性があると判断します。

役割

　主にBtoBのマーケティングにおいては、重要な意思決定者を動かした施策に重みを付けることがあります。ビジネスの実情に沿って、加重を割り当てるようにします。例えば、その取引にわずかな影響しか及ぼしていないCEOに対して、部長よりも大きな加重を割り当てないようにしましょう。

タッチポイント（チャネル）の種類

　特定の種類のタッチポイントにより大きな加重を割り当てることがあります。例えば、2時間のセミナーに出席することの方が、単なるウェブサイトへのアクセスよりも、より大きな貢献をしているケースがあると思います。費用がかかった施策（ウェブサイト構築など）だからといって、大きなウェイトを置かないようにしましょう。これをやり始めると、本当の重み付けではなくなってしまいます。

　このように何を特に評価するかを決めたアトリビューションモデルを構築して、その貢献度を分析していくのはやや高度な手法です。実際に行う際は専門的な知識が必要になります。いくつかの企業が

このアトリビューションモデルのベストプラクティスをサービスとして提供しています。次項からはそのサービスをいくつか紹介します。

●アトリビューション分析の手法

最も有名なアトリビューションモデルの1つが、Googleが主にオンライン広告を最適化するために提供しているものです。オンライン広告の中にも、コンバージョンに至るまでに複数のオンライン広告に接触するケースが多いです。

例えば、最初にバナー広告Aをクリックしてサイトへ訪問し、その3日後に商品名を検索してAdwordsに訪れた。またその2日後にバナー広告Bをクリックして、フォームに入力してコンバージョンした、というような形です。

この一連の動きの中で重み付けを変えて、そのアトリビューションを分析しようという考え方です。そのアトリビューションモデルとして下記のようなものが用意されています。

- ・終点モデル（最後に利用したチャネルを重視）
- ・最後の間接クリックモデル（最後に経由したチャネルを重視）
- ・Google広告のラストクリックモデル（最後にクリックしたGoogle広告を重視）
- ・起点モデル（最初に利用したチャネルを重視）
- ・線形モデル（すべてのタッチポイントを均等に評価）
- ・減衰モデル（コンバージョン達成に最も近いタッチポイントを重視し、それ以前のタッチポイントは過去に向かって貢献度を減らしていく）
- ・接点ベースモデル（各タッチポイントに貢献度を配分）

参考：Google analytics サポート

https://support.google.com/analytics/answer/1665189

●アトリビューションモデルの効果

　筆者はマーケター時代、このGoogleのアトリビューションモデルに助けられた経験があります。

　当時、オンラインからの見込み顧客の獲得単価（CPA）が高騰し、このままでは十分なROIが出なくなると悩んでいました。そのときに考えた2つの改善策が、1つはリードナーチャリングを導入して後半のプロセスのコンバージョン率を改善すること、そしてもう1つはオンライン広告のCPA改善です。

　当時は、Googleのアトリビューションモデルのことをあまり理解していませんでしたが、それぞれのデフォルトのモデルに当てはめてオンライン広告の成果を見ていくと、1つの重要なことに気付きました。

　コンバージョン前の初回のタッチポイントは当時、効果として見えづらく、コンバージョン直前のタッチポイントだけを重視していました。それにより、投資するオンライン広告に偏りができ始めていました。特にリマーケティング広告*への投資が増加しており、逆に新規ユーザーの訪問数が低下しているのに気付きました。

　新規のユーザーの増加は停滞しているのに、広告費用が変わっていないとなると、何度も同じユーザーに執拗に広告を表示しているということで、その他のデータからもそれは顕著でした。濁った池の中に、さらに大量の餌を放り込んでいるようなものですね。

　＊リマーケティング広告：一度自社のサイトへ訪問したユーザーへ広告を配信
　する仕組み。

そこで、アトリビューションモデルを活用して、初回のタッチポイントで貢献度の高い広告キャンペーンが何か分析してみると、大きな貢献をしている媒体が意外なところにあることがわかりました。このデータをもとに広告出稿のセグメンテーションも見直しました。

導き出した広告セグメテーションは競合他社もノーマークだったようで、非常に効率的に集客ができ、結果的に獲得単価の改善やコンバージョン数の大幅な増加を実現できたのです。

ここで学んだことは、難しい数理モデルを理解するよりも、そこから得られる数字に対して、どのように考え、そして実践するかという数字の使い方です。

なぜその広告キャンペーンが効果的に働いたのかは、すべて説明ができるわけではありません。しかし、70％でも、50％でも改善の仮説が立てられる、あるいは可能性が感じられるのであれば、一度実践してみましょう。その結果を検証しながら、仮説を確かなものにしていけばよいのです。ダメなら止めればよいだけですから。

今は、なぜその広告キャンペーンが効果的に働いたのかを詳細に説明できるようになりました。それは長期的な改善と、仮説検証を繰り返してきたからです。

マーケティングの仮説は100％に近くなくても、実践して検証を繰り返すことで、仮説が正しいことを立証できます。その際は、どこで撤退するかを決めておき、うまくいかなければ潔く撤退するという考え方も重要です。

●全体プロセスを通じたアトリビューションモデル

マルケトではビジブルという、オンライン広告だけでなく全体プロセスを通じたアトリビューション分析のシステムを提供しています。そこで用いられているアトリビューションモデルを参考までに

紹介します（**図3**）。

- ファーストタッチモデル（新規顧客獲得に貢献したチャネルに、収益貢献を100％付与する）
- リード作成モデル（有望見込み顧客のような、案件の対象となる見込み顧客を生成したチャネルに収益貢献を100％付与する）
- U字型モデル（上記2つの両方のタッチポイントにそれぞれ収益貢献を40％付与する）
- W型モデル（ファーストタッチ、リード作成、商談作成という3つのタッチポイントを含み、それぞれに収益貢献を30％付与する）
- フルパスモデル（ファーストタッチ、リード作成、商談作成、受注の4つのタッチポイントを含む）

かなり専門的な内容になってきましたが、このようなサービスを利用してアトリビューション分析をしていくことも可能です。

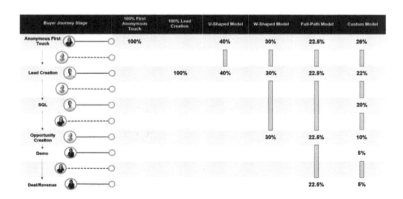

図3：ビジブルのアトリビューションモデル

テストグループとコントロールグループ

　マーケティングの効果を検証するうえで、テストグループやコントロールグループを活用する方法があります。これはマルチチャネルでの統合的な施策や、プロセス内のコンバージョン率への影響を測定しづらいマーケティング施策において効果的な手法の1つです。

　この方法はもともと、製薬や科学研究で利用されている検証方法です。結果を検証するための比較対象を設定し、実験結果を評価します。対照実験とも呼ばれます。

　同一の条件下で、特定のテストグループにのみ特定の条件を加えて、その差を推し量ります。この手法はマーケティングの効果分析の世界にも取り入れられ、応用されています。

●測定の進め方

　特定のマーケティング施策が及ぼす影響を測定するために、テストグループとコントロールグループの2つの結果を比較します。テストグループには施策を施し、もう片方の同一の性質を持つグループには施策を施さない必要があります。

　施策の実行有無以外のファクターは極力同等の条件にし、その2つのグループ間での購買行動におけるあらゆる違いを分析し、効果を検証していきます。

　例えば、ブランドの広告キャンペーンの中から、ターゲットの購買行動の変化について測定したいとします。マーケットは同じエリア内の条件によって2つにグループ分けし、片方は倍の費用をかけます。そして2つのセグメントの行動を比較し、キャンペーン効果を分析します。そのためにはまず、検証する項目を整理しておく必

要があります。

　ブランド認知が上がっているかどうかを測定するのであれば、ブランド名でのオーガニック検索数や、ダイレクトアクセスの増加を比較するとよいでしょう。より大きな費用をかけた方で有意な結果が出ていれば、その施策はブランド認知に効果があると判定できます。

●テストグループとコントロールグループを活用する場面

　この方法ではありとあらゆる施策の効果の検証ができますが、検証の意義や設計が重要になってきます。先ほどのような、施策に投じたコストの影響度だけでなく、その他にもメッセージやメールの配信頻度など、様々なテストを行うことができます。また、マルチタッチポイントで設計された一連の施策のかたまりを評価する際にも有用でしょう。

　この評価を用いる際に、統計的有意性が使われることもあります。ウェブページのABテストサービスでは、それらの統計的有意性のベストプラクティスをサービスとして提供してくれるものもありますので、それらを活用するのも手でしょう。

　最も簡単なのは、それぞれのグループの数字を設定してみて、「この程度の伸びがあれば効果あり」という定量的な判断軸を設定して、その後に仮説を検証していくことです。このテスト方法はそれなりに工数がかかるので、どこでテストを行うかの見極めは大切になります。

5-5 施策別・効果分析のポイント

様々な効果検証の方法を説明しましたが、施策ごとにケースに応じてどのような分析をするか、本節ではその点を解説していきます。

いくつか代表的な施策をピックアップして、その効果分析方法を見ていきましょう。

オンライン広告

●まずは初回タッチポイントの効果分析から

オンライン広告の場合、まずは初回タッチポイントの効果分析から行います。これは日頃から見ておきたいレポートの1つです。

オンライン広告のどのキャンペーンからどれくらいの新規獲得ができているか。そして、その獲得したキャンペーンごとに全体プロセスのどのステージまで進んでいるのか。さらに、そこから生み出されている収益はどのくらいか。そのようなレポートを日頃から見るように心がけましょう（**表9**）。

表9：オンライン広告の初回タッチポイント分析

チャネル	施策	指標	見込み顧客獲得	見込み顧客育成	有望見込み顧客	アポイント	商談	受注	獲得から受注までのコンバージョン率
オンライン広告	キャンペーン1	フロー	100件	85件	21件	7件	3件	1件	1.04%
		コンバージョン率	85%	25%	35%	40%	35%		
		残高	15件	64件	14件	4件	2件		
	キャンペーン2	フロー	200件	190件	57件	29件	11件	4件	2.00%
		コンバージョン率	95%	30%	50%	40%	35%		
		残高	10件	133件	28件	18件	7件		

オンライン広告	キャンペーン3	フロー	300件	285件	100件	50件	20件	7件	2.33%
		コンバージョン率	95%	35%	50%	40%	35%		
		残高	15件	185件	50件	30件	13件		
	キャンペーン4	フロー	200件	190件	86件	43件	17件	6件	2.99%
		コンバージョン率	95%	45%	50%	40%	35%		
		残高	10件	104件	43件	26件	11件		
	キャンペーン5	フロー	140件	133件	60件	30件	12件	4件	2.99%
		コンバージョン率	95%	45%	50%	40%	35%		
		残高	7件	73件	30件	18件	8件		
	キャンペーン6	フロー	200件	170件	77件	38件	15件	5件	2.68%
		コンバージョン率	85%	45%	50%	40%	35%		
		残高	30件	93件	39件	23件	10件		

初回タッチポイント	接触数	獲得率	新規獲得数	商談化率	商談数	受注率	受注数	受注単価	収益	コスト	獲得単価
キャンペーン1	1万回	1%	100件	3.0%	3件	35%	1件	100万円	100万円	80万円	8,000円
キャンペーン2	2万回	1%	200件	5.7%	11件	35%	4件	100万円	400万円	150万円	7,500円
キャンペーン3	3万回	1%	300件	6.7%	20件	35%	7件	100万円	700万円	300万円	1万円
キャンペーン4	2万回	1%	200件	8.6%	17件	35%	6件	100万円	600万円	240万円	1.2万円
キャンペーン5	1.4万回	1%	140件	8.6%	12件	35%	4件	100万円	400万円	70万円	5,000円
キャンペーン6	2万回	1%	200件	7.7%	15件	35%	5件	100万円	500万円	96万円	4,800円
								合計	2,700万円	936万円	

●中間タッチポイントの効果はコンバージョン率をもとにする

　続いて、中間タッチポイントでの効果測定です。オンライン広告は中間プロセスの顧客育成施策としても利用できます。そのような使い方をしている場合は、中間タッチポイントの効果も見ます。

　前述のように、この効果の着眼点はコンバージョン率です。例えば、フォームの入力をもってプロセスが遷移するような設計であれば、新規ではない「獲得済みの見込み顧客」における、「オンライン広告経由でのコンバージョン率の上限」に関するレポートを見ていくことで効果を検証できます。このコンバージョン率への影響度がそのまま効果となるので、トラッキングをしていく必要があります。

また、フォーム入力をさせる設計になっておらず、サイトへの流入だけの場合もあるでしょう。もしくは、フォーム入力と次のプロセスへの遷移が直結していないケースもあるかと思います。

その場合は、広告に接触した見込み顧客が特定期間内に次のプロセスへどの程度遷移したか、という数字をトラッキングしておきます。接触人数に対して、次のプロセスへ移った人数の割合が低下すれば、なんらかの対策を打たなければなりません。

●マルチタッチポイントの効果分析から相対評価する

マルチタッチポイントの効果分析を使って、全体のタッチポイントの中でどの程度効果を発揮しているか、相対的な評価もしておきます（**表10**）。

表10：オンライン広告のマルチタッチポイント分析

チャネル	総接触数	総収益按分
展示会	12回	240万円
セミナー	14回	280万円
メール	12回	240万円
オンライン広告	**13回**	**325万円**
ウェブコンテンツ	14回	280万円
合計	65回	1,365万円

今回の例では、オンライン広告の初回タッチポイント、中間タッチポイント、マルチタッチポイントのすべてにおいて、十分な効果を出していると判断してよいでしょう。また、施策ごとの中間指標もしっかりと分析していきましょう。オンライン広告の指標としては、インプレッション、バナークリック、フォーム入力などがあります。これらのプロセス内にボトルネックがないか分析します。

●テストグループとコントロールグループの活用

　しかし、「本当にオンライン広告の効果なのか？」という声が聞こえてきそうです。新規獲得はわかりやすいのでそうならないと思いますが、中間のタッチポイントとして活用しているオンライン広告は、プロセス内に同居している他のチャネルや施策があります。「他のタッチポイントの影響が大きいのではないか？」と言いたくなる気持ちもわかります。

　そのようなときは、テストグループとコントロールグループの出番です。見込み顧客の中で、オンライン広告を実施するグループ、しないグループに分けて、広告を表示するようなことが今のテクノロジーでは可能です。ただし、見込み顧客のボリュームがあまりにも小さすぎると、オンライン広告が表示されないので、ある一定のボリュームが期待できる場合にのみこの方法が使えます。

　ボリュームが小さい場合は、時期をずらして、実施する月、しない月を比較するという検証をしてみてもよいでしょう。ただし、時期的な要因を受けてしまうので、検証は難しくなります。特に繁忙期や商品特性上の時期的要因が大きいものに関しては、極力影響度合いが低い時期を選んで比較する必要が出てきます。このような点に注意しつつ、テストグループとコントロールグループで有意な差が出れば、効果を証明することができます。

●オンライン広告間の比較はツールを活用

　さらに、新規見込み顧客獲得までの間に、複数のオンライン広告への接触があります。その分析にはウェブ分析のツールを活用して、どの広告キャンペーンが最も効果的に働いたのかを調べます。マルチチャネルやアトリビューションの機能も活用して、分析していきましょう。

第5章

適切な効果測定と分析方法

メールマーケティング

●メールマーケティングにおける効果分析の考え方

メールマーケティングは、基本的にはすでにメールアドレスを保持している見込み顧客にしか実施できませんから、中間タッチポイントの効果分析となります。

メールマーケティングと聞くと、開封率やクリック率という数字が即座に頭に浮かぶ人も多いと思います。しかし、本当の効果は売上への貢献度合いです。メールマーケティングを実施したことで、後半のプロセスへどれくらいコンバージョンできたか、その数がとても大切です。

見ていく指標としては、フォーム入力など次のプロセスへ直結している施策であれば、そのコンバージョン数と率への影響が重要な指標となります。

また、単発のメール配信だけではなく、複数のメール配信を組み合わせたシナリオ型のメール配信を行うこともあるでしょう。

その場合は、その施策に接触した人という単位で分析します。複数のメールの組み合わせで、1つの施策と考えます。コンバージョンの効果から売上の効果を算出し、コストからメールマーケティング単体でのROIを算出していきます（**表11**）。

216

表11：メールマーケティングの効果分析

チャネル	中間タッチポイント	接触数	成功率	成功数	商談化率	商談数	受注率	受注数
メール	メール施策1	20,000回	0.6%	120件	8%	10件	30%	3件
	メール施策2	24,000回	0.2%	48件	7%	3件	30%	1件
	メール施策3	24,000回	0.3%	72件	10%	7件	30%	2件
	メール施策4	16,800回	0.8%	134件	11%	15件	30%	4件
	メール施策5	13,440回	0.3%	40件	8%	3件	30%	1件
	メール施策6	20,160回	0.1%	20件	10%	2件	30%	1件
	…							

チャネル	中間タッチポイント	接触数	成功率	成功数	商談化率	商談数	受注率	受注数
シナリオ	シナリオ1	10,000回	1.0%	100件	8%	8件	30%	2件
	シナリオ2	11,000回	2.4%	264件	7%	18件	30%	6件
	シナリオ3	11,550回	2.0%	231件	10%	23件	30%	7件
	シナリオ4	8,663回	3.0%	260件	11%	29件	30%	9件
	シナリオ5	7,363回	1.0%	74件	8%	6件	30%	2件
	シナリオ6	8,836回	1.0%	88件	10%	9件	30%	3件
	…							

　続いて、マルチタッチポイント全体の中での効果分析をしていきます（**表12**）。もちろんメールマーケティングの重みを調整することもあります。

表12：メールマーケティングのマルチタッチポイント分析

チャネル	総接触数	総収益按分
展示会	12回	240万円
セミナー	14回	280万円
メール	**12回**	**240万円**
オンライン広告	13回	325万円
ウェブコンテンツ	14回	280万円
合計	65回	1,365万円

　さらに、中間指標も分析して、施策内のボトルネックがないか確認しましょう。

●テストグループとコントロールグループを活用する際は

重み付けが難しい場合は、ここでもテストグループとコントロールグループの出番です。メールマーケティングを実施したグループとしていないグループに分けて、その後のコンバージョン率の差異を検証します。実施・未実施でコンバージョン率の差が見られたら、メールマーケティングが押し上げたコンバージョン率の改善効果として評価することが可能です。

これもやはり、ある一定のボリュームが必要です。もしボリュームが十分でない場合は、時期をずらしての検証をしてみてもよいでしょう。

展示会

●展示会も個別にタッチポイントをチェックしていく

展示会などのイベントの効果を検証する方法を見ていきます。展示会に出展する最も大きな目的は、初回タッチポイントとして、新規見込み顧客のリストを獲得することが一般的です。

展示会ごとに獲得した見込み顧客を分け、その後の全体プロセスの遷移を見るのが最も重要な効果分析の1つとなります。

もちろん展示会も中間タッチポイントの効果がありますから、新規ではない参加者のコンバージョン率の変化も見ておきます。

アンケートを取得しており、その回答次第で次のプロセスへ遷移するような設計であれば、その数がコンバージョン数です。そうではない場合は、参加者のその後のプロセスのコンバージョンを追います（**表13**）。

表13：展示会の初回タッチポイント分析

チャネル	施策	指標	見込み顧客獲得	見込み顧客育成	有望見込み顧客	アポイント	商談	受注	獲得から受注までのコンバージョン率
展示会	展示会1	フロー	2,000件	1,600件	400件	140件	56件	20件	0.98%
		コンバージョン率	80%	25%	35%	40%	35%		
		残高	400件	1200件	260件	84件	36件		
	展示会2	フロー	1,500件	1,200件	300件	105件	42件	15件	0.98%
		コンバージョン率	80%	25%	35%	40%	35%		
		残高	300件	900件	195件	63件	27件		
	展示会3	フロー	500件	400件	140件	70件	28件	10件	1.96%
		コンバージョン率	80%	35%	50%	40%	35%		
		残高	100件	260件	70件	42件	18件		

	接触数	獲得率	新規獲得数	商談化率	商談数	受注率	受注数	受注単価	収益	コスト	獲得単価
展示会1	4,000回	50%	2,000件	2.80%	56件	35%	20件	100万円	2,000万円	1,300万円	6,500円
展示会2	5,000回	30%	1,500件	2.80%	42件	35%	15件	100万円	1,500万円	1,200万円	8,000円
展示会3	1,250回	40%	500件	5.60%	28件	35%	10件	100万円	980万円	375万円	7,500円
							合計		4,480万円	2,875万円	

　マルチタッチポイントでの分析もこれまでと同様に行います（**表14**）。

表14：展示会のマルチタッチポイント分析

チャネル	総接触数	総収益按分
展示会	12回	240万円
セミナー	14回	280万円
メール	12回	240万円
オンライン広告	13回	325万円
ウェブコンテンツ	14回	280万円
合計	65回	1,365万円

マーケティングの成否を分ける効果検証

　このようにオンラインでもオフラインでも、効果検証はいくつか
の方法を持っておけば、いざというときにいろいろな形でその効果
を証明できます。

　どのタッチポイントを分析するのか、テストグループとコント
ロールグループを活用するのかなど、いくつも方法はありますが、
いずれにしても全体プロセスの設計とそのトラッキング方法を確立
していくことがマーケティングの成否を分けるといえます。

第5章のポイント

●効果分析は、「収益＞プロセス＞チャネル＞施策」の順番で行います。全体から細部に向けてドリルダウンするような流れです。

●効果分析の第一歩として、当初計画した収益プランと現在の進捗を比較します。全体プロセスの残高数を確認し、ボトルネックを発見します。

●全体プロセスを分析する際は、見込み顧客をカテゴリごとに分類することで、効果的なチャネルや施策、ターゲットを導き出すことができます。

●初回タッチポイント、中間タッチポイント、マルチタッチポイント、テストグループとコントロールグループ、新規獲得効果、育成効果など、それぞれのケースに合った分析を行う必要があります。

第**6**章

マーケティングを改善する

6-1 | マーケティング改善において大切なこと

　収益計画、測定計画、施策実行、効果分析の方法をこれまで説明してきました。いわゆるPDCAのPDCの部分までを説明してきたことになります。ここからは、マーケティングの改善について説明していきます。

見る指標を絞る

　マーケティングの改善において最も大切なことは、**見る指標を絞り、小さな改善を見逃さないこと**です。そして、そのスピードです。
　第5章でも述べましたが、見る指標を絞るのがなぜ大切かというと、例えばウェブサイトのコンバージョン率を改善したいとします。ウェブサイトはあらゆる指標がデータとして取得できるので、あれもこれもと数字を見てしまいがちです。数字がたくさんあると見るための労力がいりますし、分析する労力も使います。そこで、その際にもプロセスを設計しておき、どの指標を見るかを選択します。

指標の選び方

●改善効果が大きい指標
　状況によりますが、例えばコンバージョン率改善に効果のある指標の有力候補の1つに**直帰率**が挙げられます。なぜかというと、ウェ

ブサイトの直帰数が多いということは、その時点でその後のプロセスへ進むことはないからです。

　例えば、直帰数を10％減らすことができ、かつコンバージョン率を維持できたらどうでしょうか。コンバージョン数も10％改善することになりますね。これだけの効果があるなら、まずは直帰率を下げるための改善アクションに取り組んでいくとよいでしょう。目標を絞ることで作業も絞られ、集中して改善活動に取り組むことができます。

　サイトの直帰率を下げるためには、ファーストビューのレイアウトを調整したり、コピーやメイン画像の見直しをしたりすると思います。このとき注意したいのは、**新たな指標を加えないこと**です。例えば、「ついでに平均ページビューも指標に加えよう」とすると、どうなるでしょうか。ウェブページ間のナビゲーションの設計も加わり、このレイアウトを見直す、あのボタンを変える、と作業がどんどん増加していき、途方にくれてしまいます。

　この場合は直帰率を下げることに集中し、それが実現できれば次の改善に移ります。こうすることで作業が分解され、効率よく進むはずです。

●改善の効率がよい指標

　各チャネルの指標では、ボリュームが大きいものを優先的に改善すると、効率がよい傾向があります。**図1**を見てください。

指標	対象母数	労力
指標1	大	小
指標2	大	小
指標3	小	大
指標4	小	大

プロセスの順番

図1：ボリュームが大きく、作業量が少ない指標

　例えば、メール施策の改善であれば、**図2**のような構造になります。

指標	対象母数	労力	改善内容
配信	大	小	配信対象の変更
開封	大	小	件名、送信元情報、日時・曜日の変更
クリック	小	大	メールコンテンツの修正
フォーム入力	小	大	ウェブページの修正

プロセスの順番

図2：メール施策の構造

　筆者はよく次のようないじわるな質問を出します。「配信したメールの開封率が1％でした。あなたはどこを改善しますか？」。すると多くの人は「開封率を改善するために件名を改善します」とか、「配信日時のABテストをします」と答えます。

　しかし、正解は**「配信の対象者を見直す」**です。いくつか理由がありますが、わずか1％しか開封してくれないのは、そもそも対象でない人にメールを送っていると考えられます。つまり、配信対象を変更するのが先決です。配信対象は最も量が多く、配信対象の条

件を変更するだけの作業量で、インパクトはとても大きいからです。
1％しか開封してくれない対象にメールを送り続けたら、スパムメールと同じです。そのうちに悪い影響が出てしまいます。

　このように、ボリュームが大きく、作業量が少ないところから指標を絞り、順番に取り組んでいくことが重要です。

小さな改善を見逃さない

　例えば、オンライン広告のバナークリック率が0.3％から0.36％に向上したとします。「なんだ、たった0.06％の上昇か」と考えて、スルーしてしまってはいけません。

　0.3％から0.36％に向上したというのは、言い換えれば20％改善したということです。オンライン広告のインプレッション（表示回数）が100万件だとすれば、クリックスルーが3,000件から3,600件に増えることになります。以降のプロセスであるウェブサイトでのコンバージョン率が3％だとすると、コンバージョンが90件から108件に増えるということです。これは大きな改善です。

　また、後半のプロセスになればなるほど、量も少なくなり、改善の難易度が上がっていきます。例えば、セールスプロセスを改善して、商談からの契約率を20％上げるのに、どれだけの仕組みの整備や教育コストがかかるでしょうか。オンライン広告のバナークリック率が0.3％から0.36％に改善するのは、それと同じ改善効果なのです（**表1**）。しかし、指標の数字が小さいので、このようなインパクトを見過ごしてしまいがちです。

表1：小さな数字を見逃さないことが重要

改善シミュレーション1		指標	インプレッション	バナークリック	見込み顧客獲得	アポイント	商談	受注
バナーCTR	改善前	フロー	500万件	1.5万件	1,500件	105件	42件	15件
		コンバージョン率	0.30%	10%	80%	40%	35%	
	改善後	フロー	500万件	1.8万件	1,800件	126件	50件	18件
		コンバージョン率	**0.36%**	10%	80%	40%	35%	

改善シミュレーション2		指標	インプレッション	バナークリック	見込み顧客獲得	アポイント	商談	受注
商談	改善前	フロー	500万件	1.5万件	1,500件	105件	42件	15件
		コンバージョン率	0.30%	10%	80%	40%	35%	
	改善後	フロー	500万件	1.5万件	1,500件	105件	42件	18件
		コンバージョン率	0.30%	10%	80%	40%	**42%**	

　小さな数字の変化に反応するためにも、見るべき指標の絞り込みが大切になります。あれもこれも見ようとすると、大切な数字の変化を見落としてしまいます。

常にスピードを意識する

　最後にスピードです。データ分析に数週間かけ、改善を実施するかどうかの検討に数週間かけ、クリエイティブの作成に数週間かけ……こんなことをしていたら、マーケティングの改善サイクルは非常に遅くなります。

　先の章でも説明しましたが、オンライン領域が主戦場となりつつあるマーケティングでは、この遅れが致命的になってしまいます。なぜなら、オンラインでのマーケティングは**検証と改善を繰り返しながら実行**していった方が、絶対に"お得"だからです。新聞広告やチラシを刷り直すとなると大変な労力とコストを払うことになりますが、オンラインマーケティング上のクリエイティブの改修はそこまで時間を要しませんし、コストも安く済みます。先行してデー

タを集めながら改善活動をしていく方が、結果的には大きなROI
を生み出す可能性が高まります。

**データを集めるということは、顧客の声を聞いているのと同じこ
とです。** レスポンスが悪いものは顧客に評価されていないし、レス
ポンスがよいものは評価されているわけですが、リアルタイムに反
応を見ながら改善を進めていった方が効率がよいに決まっています。
　自分たちが考えていたことが的外れで、「これまでの数カ月はな
んだったのだ」ということにならないためにも、スピーディにマー
ケットに出し、データという形で顧客に評価してもらい、改善活動
を繰り返していきましょう。

　また、スピード感を持って業務に取り組めるよう、業務プロセス
をきちんと整備しておくことも重要です。

　これらのポイントを押さえつつ、マーケティングの改善方法につ
いて見ていきましょう。

|||||||||||||||||||||||||||||||||||||||| **COLUMN** ||||||||||||||||||||||||||||||||||||||||

美しい作品よりコンバージョン

||||||||||||||||||||||||||||||||||||||||||||||||||||||||||||||||||||||||||||||||||||||||||

　クリエイティブにこだわり、時間をかけることが必要なケースは多々あります。しかし、自分自身が芸術家のような気持ちになり、思い込みで進めるのはリスクが伴います。よりよいクリエイティブは、会社の成長に貢献できるものです。顧客のレスポンスをデータとしてしっかり収集しながら進めていく必要があります。

　決してクリエイティブにこだわるのが悪いことではありませんし、ブランディングという観点では極めて重要な作業です。多くの企業は、リブラディングとしてロゴを変えても、顧客のレスポンスが悪ければすぐ元に戻しています。あくまでもマーケティングは顧客があって成立するものなので、常に顧客の声を聞くことを忘れてはいけません。

　「なんだかダサいページだなあ」とあなたが思っていても、そこから多くのコンバージョンが出ていれば、マーケティングとしては成功といえます。クリエイティブ自体はとても重要ですが、ターゲットや自社の製品との相性もあります。

6-2 | 改善シミュレーションと プロセスマネジメント

改善シミュレーションを行っていくうえで最初に行いたいのが、全体プロセス内の分析です。第1章でも簡単に説明しましたが、全体プロセス内のどこに課題があるのかを知り、それを改善すればどのようなインパクトがあるのか。このような全体プロセスの分析が必要です。これまで通り、それから各プロセスに分解して考えていきます。

工場の改善活動にたとえると、プロセス内のボトルネックを排除し、生産量を最大化させるのと同じことです。これまで1時間に10個しか生産できなかったものを、品質を落とさずに20個生産できるようになれば、納期が短縮でき、会社の成長に貢献できます。

マーケティングに置き換えると、有望な見込み顧客を1週間で10件しかセールスチームへ引き渡せなかったものが、20件引き渡せるようにするということです。

本節では、課題の発見方法と、改善シミュレーションを行う方法について説明していきます。

プロセスのどこに課題があるのか

それでは、実際に数字の例を見ながら、全体プロセスのどこに課題があるのか発見する方法を解説します。ここでの全体プロセスは、**図3**のようになっているとします。

231

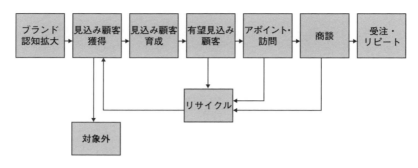

図3：全体プロセス

●ボトルネック発見に有効な指標

　最初に見ていく数字は、**成功パスのフロー数**と**コンバージョン率**です。フロー数は一定期間にそのプロセスを通過した見込み顧客の数で、コンバージョン率はフローの各プロセスの遷移率です。これらは、プロセス内のボトルネックの発見において有効な指標となります（**図4**）。

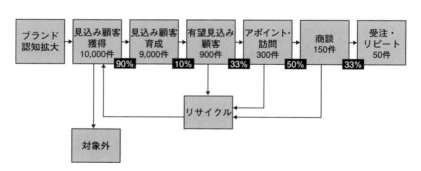

図4：全体プロセスのフローとコンバージョン率

　コンバージョン率から、ボトルネックとなっていそうなプロセスを探します。この数字を見ると、見込み顧客育成から有望見込み顧

客の間、すなわちリードナーチャリングの部分の課題が大きそうです。

● 改善インパクトをシミュレーションする

このコンバージョン率を10％改善した場合のシミュレーションをしてみましょう（図5）。

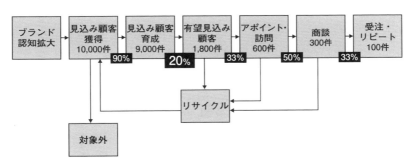

図5：全体プロセスのコンバージョン率改善

コンバージョン率が10％→20％と2倍になるので、受注も2倍になります。受注単価が100万円のビジネスであれば、5,000万円の売上アップになります。

スループットが大幅に改善するので、さらに様々な効果が期待できます。例えば、新規見込み顧客獲得時の**期待収益**が変わります。新規獲得から受注までのコンバージョン率が0.5％から1％に改善するため、見込み顧客を1件獲得した際の期待収益は**表2**のように変化します。

表2：期待収益のシミュレーション

	新規獲得数	受注までのコンバージョン率	受注数	平均受注単価	想定売上	新規見込み顧客1件あたりの期待収益
↓	1万件	0.30%	30件	100万円	3,000万円	3,000円
=	1万件	0.50%	50件	100万円	5,000万円	5,000円
↑	1万件	1.00%	100件	100万円	1億円	10,000円
↑↑	1万件	1.50%	150件	100万円	1億5,000万円	15,000円

　このように、改善のインパクトは非常に大きいものとなります。しかし一方で、この数字がさらに悪化すると、より多くの見込み顧客を獲得しなければならなくなります。

プロセスをさらに分解して見る

　「見込み顧客育成→有望見込み顧客」のプロセスは、非常にボリュームが大きいです。重要なポイントですが、**コンバージョン率が悪く、ボリュームが大きいプロセスは分解して考えます。**

　一番のオススメは、**マーケティング施策に反応した時期に応じて分類する方法**です。マーケティングメッセージに反応するということは、なんらかの購買検討をしている可能性があると考えられます。そこで、「"今"、検討段階にあるのか？」という視点で、分類をしましょう。どのくらいの期間に分けるのかは、商品の購買サイクルに応じて設定します（**図6**）。

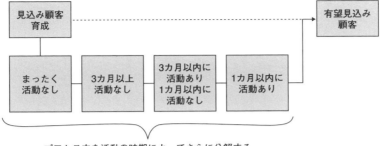

図6：プロセスの分解

　このように、プロセス内を分解することで、改善点を正確にとらえられます。次は残高、つまり活用可能な見込み顧客を各プロセスにどの程度保有しているのかを見てみましょう。

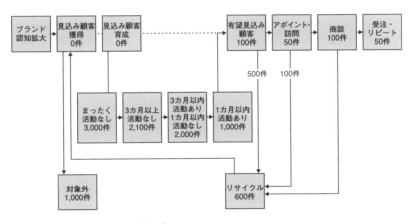

図7：プロセスの分解後の全体プロセス

　現状のプロセス内の残高は**図7**のようになりました。リサイクルの残高には、すでにセールスチームでの対応が終わったものを格納します。

　この残高の中から、どのプロセスを動かせばコンバージョン率を

改善できるのかを検討していきます。

改善するプロセスを選定する

　続いて、改善するプロセスを選定します。このときに大切なポイントは、一定のボリュームが見込める**後半のプロセスを優先的に検討する**ことです。先に述べましたが、後半のプロセスへ行けば行くほど、購買意欲のある顧客が存在する可能性が高いからです。例えば、有望見込み顧客のプロセスまで進んだということは、それ相応の動きが見られたわけです。

　よく、「見込み顧客のデータベースに非アクティブな会員データや、獲得から何年も経過している見込み顧客データがあるので、掘り起こしをしたい」という要望を聞きます。しかし、最も大切なのは**商品やサービスに"今"興味を持ってくれている見込み顧客**です。好意的な態度を示してくれている顧客に対して、きめ細やかな対応をすることがとても重要なのです。

　マーケティング担当者は、データベース内の残高が多いと安心します。しかし、そのデータベースを「捨てる」という選択肢を持っていないケースが多いです。文字通りデータを捨てる必要はありませんが、非アクティブな会員データは1件とカウントできる価値があるわけではありません。

　自社が今、マーケティングの効果がある見込み顧客のデータベースを何件保有しているのか。その実態をきちんと把握をしておくことが重要です。数十万件のデータベースでも、そのうちの90％が非アクティブなのであれば、その実態に沿ったマーケティングプランを作らなければなりません。

数十万件もあるデータをもったいないと思う気持ちは理解できます。しかし繰り返しますが、今、自社の製品やサービスに興味を持ってくれている見込み顧客に、きめ細やかな対応をすることを第一に考えてください。

ただしもちろん、非アクティブな会員や、過去に獲得した見込み顧客の中にも、状況が変わって再度検討を始める人はいます。そのタイミングをつかみ、適切なタイミングでコミュニケーションを再開することが求められます。

興味のない状態の人にとっては、メールやDMはスパムメールと同じです。これは興味のある顧客に対しても悪影響を与える恐れがあります。

さて、例として今回のプロセスで改善すべき箇所を**図8**に選定しました。「見込み顧客育成」の中で3カ月以内に活動が見られる人に対して施策を行い、コンバージョン率を改善します。

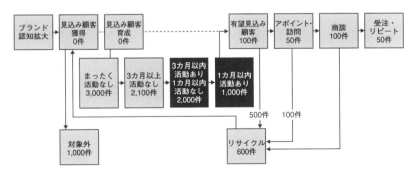

図8：注力する箇所の選定

改善シミュレーションを行う

●対象の見込み顧客を選定する

　ここからは、これまでの例を使って改善シミュレーションの方法を説明します。現在、3,000件の見込み顧客が残高としてあります。施策を通じて、この残高のうち20%を次のプロセスへ遷移させた場合、どの程度の効果が見込めるでしょうか。

　計算すると、約600件が次の有望見込み顧客のプロセスへ遷移することになります。その後のコンバージョン率に変化がないとすれば、**図9**のように約30件の受注増が期待できます。

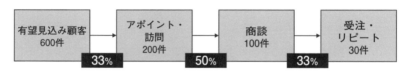

図9：注力する箇所の改善シミュレーション

　受注単価が100万円だとすれば、3,000万円程度の貢献になります。利益率が30%だとすれば、900万円の利益が期待でき、目標とするROIからコストを算出することができます。

　改善のインパクトはわかりましたが、実際にこのような改善をしたいとき、最も単純で簡単な方法は何でしょうか。それは、改善の対象である見込み顧客（3カ月以内に活動が見られる人）を、**有望見込み顧客として扱う**ことです。

　つまり、この600件を有望見込み顧客と考え、アポイント取得の対象とするのです。なぜこのように考えるかというと、そもそもこの600件は本来、有望見込み顧客であった可能性があるからです。

すなわち、プロセスの設計自体が間違っているかもしれないということです。

　ただし、実際にはセールスのリソースは限られています。「急に600件も渡されても困る」と言われるかもしれません。そこで、毎月200件ずつ引き渡すなど、セールスチームと一緒に検討することが大切です。そのためには、引き渡しの条件を明確にし、基準をクリアした見込み顧客から引き渡すとスムーズです。

　マーケティングオートメーションの仕組みでは、スコアリングという機能を活用できます。スコアとして引き渡しの条件を複数設定し、数値化することで、調整弁として活用できる便利な機能です。これはリードスコアリングとも呼ばれますが、後ほど詳しく説明します。

●適切なチャネルと施策を選定する

　さて、改善対象の見込み顧客を選定できたら、育成するために適切なチャネルと施策の検討に移ります。

　今回のようなケースで実際に実施されたプランを**図10**に紹介します。

プロセスの定義		
有望見込み顧客 ※いずれかの 条件に該当	1カ月以内に活動あり	
	AND	
	製品に関する詳細資料をダウンロード	
	OR　製品購買に関する興味ありと回答	
チャネル	**目的**	**成功の定義**
メール1	メールで製品の強みや導入に関するメリットを訴求し、詳細資料ダウンロードを促進	詳細資料のダウンロード
メール2	期間限定のキャンペーンを訴求し、アンケートを取得する	アンケートに回答
コール	製品詳細ページにアクセスしている顧客へコールし、購買検討状況を確認する	購買状況の確認

	ステータス1	ステータス2	ステータス3	ステータス4
施策指標	対象	メールクリック	アンケート回答 OR ダウンロード	購買意向確認

図10：改善プラン

図11は、**図10**のプランをもとに実施された施策のフローです。マルチチャネルを活用して、コミュニケーションが設計されています。このような**シナリオ型**のマーケティングキャンペーンは一般的になってきています。

施策指標	ステータス1 対象	ステータス2 メールクリック	ステータス3 ウェブアクセス	ステータス4 ダウンロード OR 購買意向確認
誰に	3カ月以内に活動あり	メールにクリック済み	ウェブにアクセス済み	ダウンロード完了
どこで	メール	メール	メール/コール	メール
何を	1.製品の魅力1をメールで送信 2.(1週間待機) 3.顧客事例1をメールで送信 4.(1週間待機) 5.製品の魅力2をメールで送信	1.製品のスペック1をメールで送信 2.(1週間待機) 3.顧客事例2をメールで送信 4.(1週間待機) 5.製品のスペック2をメールで送信	1.(3日待機) 2.製品ダウンロードページへの誘導メールを送信 3.(3日待機) 4.キャンペーン付きのアンケート回答を送信 5.(製品仕様ページへのアクセス回数が5回以上) 6.コールし購買意向を確認	1.次プロセスコンバージョン
いつ	2019年2月19日開始	メールクリック時に実行	製品ページアクセス時に実行	ダウンロードOR 購買意向確認時に実行

図11：シナリオ型での実行フロー

　このように、改善するべきポイントをしっかりと見極め、目的と目標、そして具体的な施策に落とし込むことで、マーケティング施策の効果は格段に上がります。

6-3 | チャネルの改善

　ここからはもう少し細かく、各チャネルおよび施策の改善シミュレーションについて説明していきます。新規の施策を実施するだけではなく、既存のチャネルで既存の施策を改善する必要もあります。前節までの例に沿って解説していきます。

どのチャネルに課題があるのか？

　数あるチャネルの中には、効果の高いものと低いものがあると思います。前章で学習した効果分析の方法を使って、各チャネルの成果を見てみましょう（**表3**）。

表3：チャネルの効果

チャネル	成功数	総収益按分
展示会	12	264万円
セミナー	**18**	**360万円**
メール	12	300万円
オンライン広告	13	299万円
ウェブコンテンツ	14	280万円
合計	69	1,503万円

　それぞれのチャネルに対して、どの数字を改善すればより高い効果を発揮できるか検討します。最悪の場合、やめた方がよいという判断をしなければなりません。

　ここでは、セミナーの数字に注目してみます。このセミナーは購買意思決定に大きな役割を果たしており、参加者のコンバージョン

241

率が非常に高い数値になっています。購買の検討をしている人にもっと参加してもらえるように改善することは重要なポイントといえます。

チャネルをさらに分解してみる

　セミナーのプロセスをさらに分解してみます。セミナーのプロセスと数字は**表4**のようになりました。

表4：セミナーのプロセスと数字

施策	指標	招待	登録	参加	アンケート回答	有望回答
セミナー1	フロー	1万件	200件	140件	70件	14件
	コンバージョン率	2.0%	70%	50%	20%	
セミナー2	フロー	10,500件	315件	189件	95件	19件
	コンバージョン率	3.0%	60%	50%	20%	
セミナー3	フロー	11,025件	110件	77件	50件	10件
	コンバージョン率	1.0%	70%	65%	20%	
セミナー4	フロー	11,576件	417件	313件	234件	47件
	コンバージョン率	3.6%	75%	75%	20%	
セミナー5	フロー	12,155件	243件	194件	97件	19件
	コンバージョン率	2.0%	80%	50%	20%	
セミナー6	フロー	12,763件	255件	242件	184件	37件
	コンバージョン率	2.0%	95%	76%	20%	

	指標	招待	登録	参加	アンケート回答	有望回答
現状の成果	総フロー数	68,019件	1,540件	1,155件	730件	146件
	平均コンバージョン率	2.3%	75.0%	61.0%	20.0%	

　このように分解しながら、招待から登録までのコンバージョン率について見ていきます。

チャネル内で改善するプロセスまたは施策を選定する

プロセスを分解して、セミナーへの招待から登録までのコンバージョン率の改善を検討していきます。チャネルは施策の集合体ですから、実際の施策ごとの結果も見る必要があります。そうすると、特定の施策で数字のよいものと、悪いものがあるのがわかります。

●施策の成功・失敗要因を分析する

ここでは、数字のよいセミナー4と、改善の対象としてセミナー3を比べてみます。その結果を他の施策に適用することが目的です。

では、セミナー4とセミナー3の成果の違いについて、その要因を分析してみましょう（**表5**）。

表5：施策の違いを分析

施策	指標	招待	登録	参加	アンケート回答	有望回答
セミナー1	フロー	10,000件	200件	140件	70件	14件
	コンバージョン率	2.0%	70%	50%	20%	
セミナー2	フロー	10,500件	315件	189件	95件	19件
	コンバージョン率	3.0%	60%	50%	20%	
セミナー3	フロー	11,025件	110件	77件	50件	10件
	コンバージョン率	1.0%	70%	65%	20%	
セミナー4	フロー	11,576件	417件	313件	234件	47件
	コンバージョン率	3.6%	75%	75%	20%	
セミナー5	フロー	12,155件	243件	194件	97件	19件
	コンバージョン率	2.0%	80%	50%	20%	
セミナー6	フロー	12,763件	255件	242件	184件	37件
	コンバージョン率	2.0%	95%	76%	20%	
					合計有望回答数	146件

セミナー4とセミナー3で異なったのは以下の点です。

243

・セミナー4では、招待の際にメールだけではなく、DMも活用
　した
・セミナー3の方がフォームの入力項目が多かった

　上記2点について改善すればよさそうですが、先にその効果をシ
ミュレーションしておく必要があります。

チャネルの改善シミュレーションを行う

　続いて、うまくいっている施策にならい、各施策を改善できた場
合のシミュレーションを行っていきます。**表6**のように、セミナー
4以外の招待から登録までのコンバージョン率を1%ずつ改善して
いくと、大きな成果が得られることがわかります。

表6：チャネルの改善シミュレーションの例

施策	指標	招待	登録	参加	アンケート回答	有望回答
セミナー1	フロー	10,000件	300件	210件	105件	21件
	コンバージョン率	3%	70%	50%	20%	
セミナー2	フロー	10,500件	420件	252件	126件	25件
	コンバージョン率	4%	60%	50%	20%	
セミナー3	フロー	11,025件	221件	154件	100件	20件
	コンバージョン率	2%	70%	65%	20%	
セミナー4	フロー	11,576件	417件	313件	234件	47件
	コンバージョン率	3.6%	75%	75%	20%	
セミナー5	フロー	12,155件	365件	292件	146件	29件
	コンバージョン率	3%	80%	50%	20%	
セミナー6	フロー	12,763件	383件	364件	276件	55件
	コンバージョン率	3%	95%	76%	20%	
					合計有望回答数	198件

6-4 施策の改善サイクルを構築する

施策の PDCA サイクルが回らない原因

　本章ではこれまで、改善ポイントの見極めや、そのプランニングについて解説しました。ここからは、実施した施策の改善サイクルについて取り上げます。施策は一度実施して終わりではなく、継続的に改善活動を行い、より高い成果を求めていく必要があります。

　よく「PDCAが回らない」という悩みを聞くことがありますが、これには大きく分けて2つの要因があります。1つは、**見るべき指標が多すぎて意思決定に時間がかかっている**こと。もう1つは、**業務の設計が十分にできていない**ことです。

　ご存じの通り、PDCAはプランして、実行して、チェックして、アクションするという流れです。それは誰が、どの指標を見て、いつ、どのようにやるのか。ここまできっちりと設計をしておかないと、「時間があればやる」「気が付けばやる」という形になり、施策がやりっぱなしになってしまいます。

　ローンチまではいろいろ考えていたけど、実際に始まった後はチェックして終わり。これではせっかく考えた施策を自らムダにしている可能性があります。

　それでは、改善サイクルを構築するために必要な手順について説明していきます。

245

見るべき指標を絞る

　これは他の項でも述べた通りですが、見るべき指標が多すぎると改善サイクルを構築する難易度が上がってしまいます。

　改善サイクルでは早期に意思決定をして、次のアクションを起こしていかなければなりません。多くの指標があると、分析に時間がかかり疲弊してしまいます。

　指標を選定するうえで重要になってくるのが**テーマ決め**です。この改善サイクルは何を目的にするのかということを、明確にしておくことが重要です。

　例えば、オンライン広告であれば、「バナーのクリック率（CTR）を改善する」とテーマを絞ります。そうすれば、おのずとどの指標を見るかが決まります（バナー広告のCTRを徹底的に見ればよい）。

　また、**それぞれの指標が影響を与える関係を把握しておくことも**、指標を選定する際には重要です。

　オンライン広告の指標としては、インプレッション（表示回数）や、広告から誘導したランディングページの直帰率、CVRなどもあります。この中でCTRが影響を受けるのはどれでしょうか。答えは、前のプロセスであるインプレッションです。それ以降のプロセスはCTRが影響を与えるエリアとなります（**図12**）。

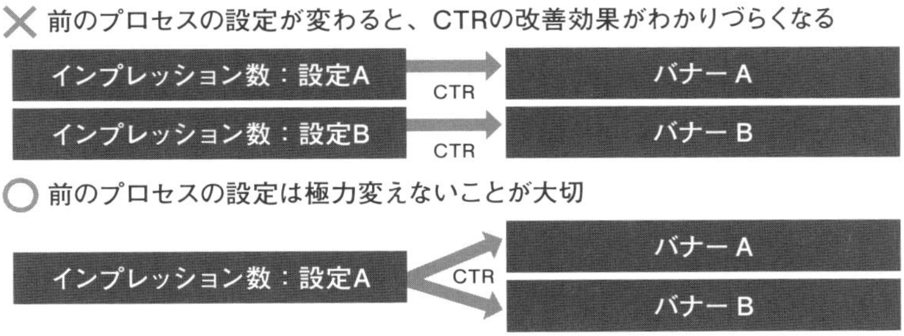

✕ 前のプロセスの設定が変わると、CTRの改善効果がわかりづらくなる

| インプレッション数：設定A | → CTR → | バナー A |
| インプレッション数：設定B | → CTR → | バナー B |

○ 前のプロセスの設定は極力変えないことが大切

| インプレッション数：設定A | CTR | バナー A |
| | | バナー B |

図12：施策内の影響関係

　この場合、CTRが影響を受けるインプレッションの設定は極力変えないことが重要です。広告インプレッションの出し方やセグメンテーションを変えていては、多くの変数から影響を受けてしまいます。

誰がいつまでにやるのかを明確にする

　改善サイクルを回すには、設定した目標に対して誰が責任を持つのか、またいつまでに達成するのかを明確にしなければなりません。

　責任を持って取り組んで成果を出したのであれば、その数字に売上へのインパクトの説明を加えて、経営層や周囲の部署とも定期的に共有するべきだと思います。数字は担当者にプレッシャーがかかるぶん、その成果はきちんと周囲から理解されるべきです。

247

どのようにやるのかを明確にする

　担当者を決めたら、次はどのように進めるのかを明確にします。例えばバナー広告のCTRを上げることが目的ならクリエイティブを改善することになりますが、それに必要な期間も設定します。さらに、数字を見るタイミングを決め、ルーティーンワークとしてTo Do化するとよいでしょう。

　また、最初から改善サイクルに必要な作業量を見積もっておくことも重要です。このくらいの工数が毎週必要だ、と見積もっておけば、担当者を決める際にも役に立つはずです。

　現場の担当者からすれば、たまたまバナー広告のCTRが悪いと気付いたマネージャーに「改善してくれ」と急に言われても、他の業務のことがあるので困ってしまいます。**改善サイクルは施策をローンチする前から計画できる**ので、事前にしっかりと計画しておくべきです。

6-5 | ABテストで施策を改善する

　ここからは具体的な改善手法として、最もポピュラーな手法の1つであるABテストの解説をします。

ABテストの効果

　筆者はマーケター時代、今思い出してもおもしろいなあと思えるABテストの結果を見たことがあります。当時、Google Analyticsが提供するオーディエンスデータを分析していて、あることに気付きました。オーディエンスデータとは、ウェブサイトを訪問したユーザーの属性などがわかる機能で、**表7**のような指標を提供してくれます。

表7：オーディエンスデータの例

指標	内容
ディメンション	値
年齢	18〜24歳、25〜34歳、35〜44歳、45〜54歳、55〜64歳、65歳以上
性別	男性、女性
アフィニティ カテゴリ	ライフスタイルによる分類
購買意向の強いセグメント	商品購入に対する関心
その他のカテゴリ	具体性の強いユーザー分類

参考：Google Analyticsヘルプ
　　　https://support.google.com/analytics/answer/2799357?hl=ja

　これらのデータをExcelで分類し、分析してみると、CRMのデータ分析ではわからなかった傾向が見えてきました。

249

例えば、CRM上のあるデータでは男性が多いのですが、その同一ユーザーのウェブ上での属性を見てみると、女性が多いのです。さらに、興味・関心事では教育・子供のようなテーマが多く、そのような属性ではコンバージョン率が非常に高いこともわかりました。端末はほぼモバイルだったので、子育て中の女性がスマートフォンを片手に私たちのサイトを閲覧してくれているのだと、強く意識するようになりました。

当時のセールスチームの意見としては、スタイリッシュで洗練されたイメージでブランディングしていきたいとのことでしたが、前述の属性に気付いていたので、ABテストの実施を提案しました。A案はスタイリッシュで洗練されたイメージ、B案はファミリーが楽しく日常を過ごしているイメージです。

結果は想像以上でした。テストではAとBの直帰率を比較したのですが、AよりBの方が20%も低いのです。こんなに明確に差が出るものかと、とても驚いた記憶があります。

ウェブサイトの訪問者を分析することは、現在のマーケティングにおいては必須でしょう。そして、その分析結果が副次的な効果を生み出していきます。ABテストで上記のような結果が出れば、セールスチームのセールストークや資料の作り方も変わってきます。

その後、何かクリエイティブの方向性に迷うときはABテストを実施するようになりました。それまではマーケティングとセールスの間で「ああでもない、こうでもない」と正解のない議論をしていたのですが、ABテストのおかげでムダな議論が一気に減りました。意思決定のスピードアップ効果はとても大きなものでした（**図13**）。

図13：ABテストでムダな議論を抑制

ABテストのコツ

　実際にABテストを行う前に、コツを押さえておきましょう。ABテストでは難しい統計手法を用いることもありますが、本書ではシンプルかつ誰でも使えるポイントを紹介します。

　6-1でも述べましたが、基本ルールは、「**テーマを絞る**」と「**大から小へ**」です。ABテストにおいてもテーマ決めが重要になります。まずは、改善すべき指標を明確にする必要があります。そして、その指標に対する改善に着手するときは、「大から小へ」のルールを守りましょう。メールを使ったマーケティングであれば、「配信→開封→クリック→フォーム入力」という順番にプロセスが続きます。ボリュームが一番多いのは当然ながら「配信」なので、ここの改善から着手します（**図14**）。

指標	対象母数	労力	作業
配信	大	小	配信対象の変更
開封	大	小	件名、送信元情報、日時・曜日の変更
クリック	小	大	メールコンテンツの修正
フォーム入力	小	大	ウェブページの修正

図14：メールマーケティングの AB テストプロセス①

●例）メールの開封率を改善する

メールの開封率に関する、改善可能な主な領域は以下の通りです。

①配信日時
②送信元名
③送信元メールアドレス
④件名

ここから、開封率を上げるための要素を1つ選びます。配信日時を選んだら、配信日時だけをABテストします。他の要素も一緒にテストしてしまうと、どの要素が改善に効果があったのかを検証する必要が出てきます。そのような統計手法もありますが、最もシンプルなのは**比較材料を1つに絞る**ことです。

配信日時でテストを行うと決めたら、ここでも大から小のルールで行います（**図15**）。

指標
週の前半 OR 後半
月、火、水
水
午前、午後
午後 12:00-15:00、15:00-18:00、18:00-21:00
午後 12:00-13:00、13:00-14:00、14:00-15:00
午後12:00-13:00

プロセスの順番

図 15：メールマーケティングの AB テストプロセス②

　配信先が多い場合は、複数のグループに分けて実施してみてもよいでしょう。ABテストのコツは、**消去法のようにしてベストプラクティスに近づいていく**ことです。

　一番やってはいけないことは、なんとなくAとBをピックアップしてテストすることです。例えばメールの件名テストをする際に、「Aさんが書いたコピーと、Bさんが書いたコピーのどちらが優れているかテストしてみよう」というのは、得策ではありません。

　それよりも、「件名の中に商品名を入れるのか、入れないのか」といった**再現性のある着眼点**を持つことで、件名のベストプラクティスを導き出していくのです。特にクリエイティブの効果の違いを知るには、このような考え方は重要です。

　そして、一度自分たちのベストプラクティスを導き出せれば、同様の施策をするたびにテストを行う必要もなくなります。

AB テストのプランニング

　プランニングの大まかな流れについて説明しておきます。大まかには以下の順で進めていきます。

①テーマ決め

②ロードマップ作成

●テーマを決める

　まずはABテストを実施するテーマを決めます。基本は「大から小へ」です。オンライン広告の最適化が目的であれば、広告のセグメンテーションや掲載先、バナー広告のCTR、ランディングページの直帰率、コンバージョン率といったように分解して、テーマを決めていきます（**表8**）。

表8：テーマ設定の例（オンライン広告）

	テーマ	指標	テスト内容
大	広告の出し方	ImpressionとCTR	セグメンテーションA VS セグメンテーションB
大	オンライン広告のバナークリエイティブ	バナーCTR	バナークリエイティブA VS バナークリエイティブB
中	ランディングページ	直帰率	ランディングページA VS ランディングページB
小	フォーム	コンバージョン率	フォームA VS フォームB

　ここからさらに「大から小へ」のルールで分解することも可能です。例えば、バナーのクリエイティブであれば、一番大きな領域から細部へと進めていくことができます（**表9**）。

表9：テーマ設定の例（バナークリエイティブ）

	テーマ	指標	テスト内容
大	濃・淡	バナーCTR	全体的に淡いカラーのバナーA VS 全体的に濃いカラーのバナーB
大	レイアウト	バナーCTR	レイアウトA VS レイアウトB
中	メイン画像	バナーCTR	メイン画像A VS メイン画像B
小	コピー	バナーCTR	コピーA VS コピーB

●ロードマップを作成する

　続いては、どの期間で実施するのか、というロードマップを作成します（**図16**）。

テスト名	内容	Week1	Week2	Week3	Week4	Week5	Week6	Week7	Week8
テスト1	大	■							
テスト2	大		■						
テスト3	大			■					
テスト4	中				■				
テスト5	中					■			
テスト6	中						■		
テスト7	小							■	
テスト8	小								■

図16：ABテストのロードマップ

　あまり一度に欲張らず、テーマごとにスケジュールを決めて、コツコツ実行していくことが大切です。

検証したうえで全量に適用する

　ABテストを実施する際には、まず全量ではなくサンプルを抽出し、その中でテストを実施します。そこで有意な差が出れば、全量に対して実施するという方法を採ります。

ABテストの結果は他にも適用する

ABテストを実施する際にもう1つ意識しておきたいのが、**「小さくテストをして大きく伸ばす」**という視点です。例えばランディングページのABテストをするなら、どこか特定のページで実施してみて、結果がよければ他のページに一気に適用するような考え方です。

ページのレイアウト変更に効果があれば、そのレイアウトを他にも適用します。このような変更は他のページでも改善効果が期待できるので、そのようなポイントがないかテスト前に検討しておくべきです（**図17**）。

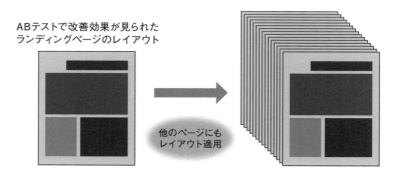

図17：テスト結果のスケールアウト

結果データの再利用とナレッジ管理

実施したテストの内容は、**一元管理をしてナレッジとして集約**しておきます。過去のテストを参考にすることで、新たなテーマでテストを実施する際に役立ちます。

これは同じチャネルに限らず、別のチャネルでも活用できる場合があります。例えば、メールの件名のABテストをするときに、リスティング広告の文言でABテストした結果は参考になるでしょう。特にこの場合、リスティング広告のABテストの方が対象としているボリュームが圧倒的に大きいはずなので、参考にしやすいといえます。

　例えば、広告文として、

> A：数字指向のマーケティングを学ぶ2日間の特別セミナー
> 　（CTR：0.3％）
> B：特別セミナー　数字指向のマーケティングが身につく2日間
> 　（CTR：0.4％）

という2種類の広告文に関するテスト結果があったとします。メールでも同様のプロモーションを行う場合でしたら、この結果に沿って、件名を検討することが可能です。

　このようにナレッジをしっかりと一元管理し、テスト不要の土台となる部分を強化していけば、マーケティングの効率は向上し、よりスピーディに実行できるようになります（**図18**）。

開始日	終了日	アセットタイプ	アセット	テストタイプ	テスト変数	バリエーションの内容	勝者の条件	テスト前のベースライン	結果変数1	結果変数2	結果変数3	結果変数4	勝者
9月16日	9月16日	リスティング広告	数字指向セミナー集客	ABテスト	広告文	①数字指向のマーケティングを学ぶ2日間の特別セミナー②特別セミナー 数字指向のマーケティングが身につく2日間	CTR	0.30%	0.30%	0.40%	—	—	変数2
9月5日	9月15日	メール	数字指向セミナー集客	ABテスト	曜日	月、火、水	オープンレート	10.00%	10.00%	8.00%	15.00%	—	変数3変数1
9月5日	9月15日	メール	数字指向セミナー集客	ABテスト	件名	①残席わずか。数字指向のマーケティングが身につく2日間②特別セミナー 数字指向のマーケティングが身につく2日間	オープンレート	10.00%	15.00%	18.00%	—	—	変数2

図18：ABテストのナレッジ管理

6-6 後半のプロセスを改善する リードスコアリング

　リードスコアリングは、マーケティングオートメーションの機能として提供されている機能ですが、仕組みや考え方は様々なケースで役立つため、ここで解説します。

●リードスコアリングとは

　リードスコアリングはマーケティングからセールスへ見込み顧客を引き渡した後のセールスの効率を上げ、後半プロセスのコンバージョン率の改善に効果を発揮します。有望な見込み顧客の品質をセールスチームと合意し、その基準を満たすリードをセールスチームへ供給する仕組みを構築することで、セールスの生産性向上をサポートするのです。もしあなたがマーケティング担当者で、セールスチームから「もっと品質のよい見込み顧客を渡してくれ」と言われているようなら、リードスコアリングはもってこいの仕組みです。

　リードスコアリングは、**図19**に表したプロセス内の「クオリフィケーション」で利用されることが一般的です。

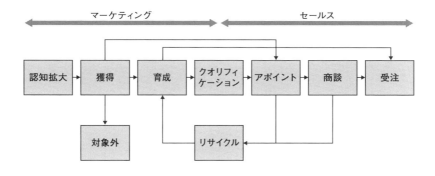

図19：全体プロセスとクオリフィケーション

　これは工場の中で行われる検品とほぼ同じ意味合いを持ちます。品質の悪いパーツを後工程の組立作業に引き渡してしまうと、組立作業の生産性は上がりません。そこで、ある一定の基準を満たしたパーツだけが後工程へ引き渡されるよう、検品を行います（**図20**）。製造の世界では、少ない人員でより多くの組み立てを行えるようにするには、前工程の作業が大変重要だといわれています。セールスに対するマーケティングは、まさに前工程を担う重要な機能だと言い換えることができます。

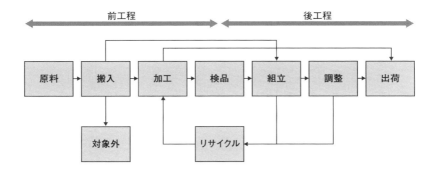

図20：製造におけるプロセス

●リードスコアリングの設計

リードスコアリングの設計には、主に2つの観点があります。

- **属性スコア**：企業規模や役職など、リードの属性的な情報をスコアリングする（理想的なターゲット）
- **行動スコア**：見込み顧客の行動量や内容に応じてスコアリングする（購買可能性が高まっている）

属性スコアが高い場合は、行動スコアが低くともセールスがフォローする対象となることがあるでしょう。一方で、属性スコアが低い（または不十分な）場合は、行動量が極めて多い見込み顧客だけをフォローするようなことが可能になります。

一般的なリードスコアリングモデル

リードスコアリングモデルを構築する際にまずやらなければならないのは、セールスチームとの合意です。どのような品質の見込み顧客を、どの程度セールスチームへ供給するのか。それを決めなければなりません。

●属性スコアリングで利用される項目

属性スコアリングでよく利用される項目としては、BtoBでは業種、部門、地域、従業員数、役職、企業名などが挙げられます。BtoCの場合は、地域、年齢、性別、職業、年収、家族構成、世帯主、通勤（通学）地域、居住地域、居住形態、企業名などが利用されます。

これはターゲティングをベースに検討します。つまり、自社のターゲットとなるセグメンテーションをもとに考えていきます。スコア

リングモデルを設計する際には、あらためて自社のターゲットとなるセグメンテーションを検討する必要があるといえます。

●行動スコアリングで利用される項目

行動スコアリングで利用される項目は、BtoBとBtoCであまり違いはありません。ウェブページのアクセス状況、ウェブコンテンツのダウンロード状況、メールの閲覧状況、セミナーやイベントへの参加状況などが利用されます。これらの項目を活用するためには、顧客1人1人の行動データを統合的に管理していなければなりません。

このようなデータマネジメントは、もはや当たり前にやらなければならなくなってきました。**データマネジメントができていないと、マーケティングで打てる手は大幅に減ってしまいます**。特に行動スコアを検討する際には、顧客の購買までの行動を分析し、加点または減点に値する行動を見極める必要があります（**図21**）。

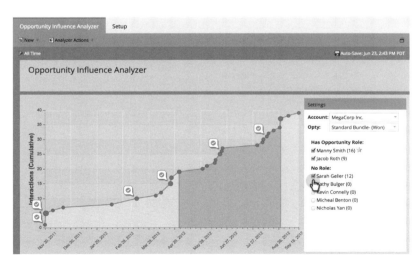

図21：顧客の行動を可視化した例（顧客のタッチポイントから、購買検討につながる行動や、特徴量を分析する）

顧客の行動を採点しながら見極めるためには、ウェブサイトのデータ分析や、コンテンツの構造化などが重要とされます。そのためにウェブサイトのリニューアルを実施する企業もあります。

　これらの検討をしっかりと行ったうえで、**図22**のようなモデルを構築します。この図では、スコアに応じてA、B、C、Uという4つの基準を定めています。

Matrixed Lead Score

	10	20	30	40	50	60	70	80	90	100
100	B	B	B	B	B	A	A	A	A	A
90	B	B	B	B	B	B	A	A	A	A
80	B	B	B	B	B	B	A	A	A	A
70	C	C	C	C	B	B	B	A	A	A
60	U	U	C	C	B	B	B	B	B	A
50	U	U	C	C	C	B	B	B	B	B
40	U	U	U	C	C	B	B	B	B	
30	U	U	U	U	C	C	B	B	B	B
20	U	U	U	U	U	C	C	B	B	B
10	U	U	U	U	U	C	C	B	B	

（縦軸：Implicit Score　横軸：Explicit Score）

図22：リードスコアの例
参考）Sirius Decisions Scoring Program
https://docs.marketo.com/

　A：セールスチームへすぐに引き渡すことが可能

　B：テレマーケティングまたはインサイドセールスで顧客の状況を確認し、引き渡しの判断が必要

　C：マーケティング側で保有する有望な見込み顧客（もう少しでセールスチームに引き渡し可能）

　U：マーケティング側で保有する見込み顧客（長期の育成が必要）

それぞれの見込み顧客への対応は、このようなスコアに応じて実施されます。

リードスコアリングの効果測定と改善

リードスコアリングモデルがうまく機能しているかを判断するには、**セールスプロセスのコンバージョン率**を観察する必要があります。例えば、引き渡した見込み顧客が高いコンバージョン率で受注に至っていれば、スコアリングはうまく機能しているといえます。逆にコンバージョン率が低ければ見直しが必要です。

最も簡単な最適化の方法としては、基準となるスコアの値をコンバージョン率が高ければ緩め、低ければより厳しくするというやり方があります。

例えば、コンバージョン率が高い状態で、セールスチームももっと多くの見込み顧客をフォローできるのであれば、Aランクを150点から125点に引き下げます。もしそのままコンバージョン率が下がらなければ、供給量が増加したぶん売上が増加することになります。

||||||||||||||||||||||||||||||||||| **COLUMN** |||||||||||||||||||||||||||||||||||
リードスコアリングの先端事例
||||||||||||||||||||||||||||||||||||||||||||||||||||||||||||||||||||||||||||||

　リードスコアリングという仕組みを開発したのはアメリカですが、同国の先進企業ではデータサイエンティストにリードスコアリングモデルを設計させている企業もあります。

　データサイエンティストはデータを分析し、適切なモデルを構築していきます。そして、セールスチームへの見込み顧客供給量やコンバージョン率の目標を設定し、それが業務評価の指標になります。さらに最近は、機械学習やAIのテクノロジーを用いて、予測的なモデルを構築するケースも出てきています。

　また、顧客だけでなく企業に対してスコアリングを行う「アカウントスコア」も近年注目されています。マニュアルでモデルを作成するだけでなく、データコープという企業がデータを共同利用する仕組みを活用して、自社で保有する行動データだけではなく、より幅広いサードパーティのデータを活用する事例も増えてきました。例えばBombora社は、BtoBに特化したデータコープを活用してスコアを提供しています。

第6章のポイント

●改善において最も大切なことは、見る指標を絞り、小さな改善を
見逃さないことです。あれもこれも見ようとすると、大切な数字
の変化を見落としてしまいます。

●オンライン領域が主戦場となりつつあるマーケティングではス
ピードが重要です。データという顧客の声を聞きながら、検証と
改善を繰り返します。

●全体プロセス内でコンバージョン率が悪く、かつボリュームが大
きいプロセスは分解して考えます。一定のボリュームが見込める
後半のプロセスを優先的に取り上げ、シミュレーションを行いな
がら、改善インパクトの大きいチャネル・施策を選定していきます。

●誰がいつまでに、どのような方法で改善サイクルを実行するのか
を事前に明確にします。

●ABテストの結果は、ナレッジとして蓄積します。成功ケースは
他チャネルの施策にも再活用しましょう。

●後半プロセスの改善にはリードスコアリングの活用が効果的です。
よりよい品質の見込み顧客をセールスに引き渡すことで、成約率
の向上などに貢献できます。

第7章

まとめ：今日から始める
数字指向のマーケティング

7-1 今日から始めるプロセス設計

　これまで解説してきたマーケティングの数字は、見るべき順番さえ間違わなければ、簡単な四則演算でマーケティングのプランニングや実行、効果測定や改善を行うことができます。マーケティングの効果を証明するために複雑なデータ分析が必要なケースは、日常業務ではそれほど多くありません。

　マーケティングからセールスに至る全体プロセスを定義できれば、簡単な四則演算で十分に説得力のある説明ができ、適切な方法でマーケティングを推進することができます。初めから複雑なプロセスを構築する必要もないのです。

　本章では、本書の内容をおさらいしながら、ステップに応じてプロセスを設計・改善していく方法と、フェーズごとに検討する内容を整理していきます。一度、原理原則を身につければ、非常に緻密なマーケティングが実行できるようになることを実感するはずです。

全体を大まかに把握する

　まだ全体プロセスを通じてマーケティング施策を検討していないフェーズでは、**図1**のような粒度でプロセス設計をスタートします。

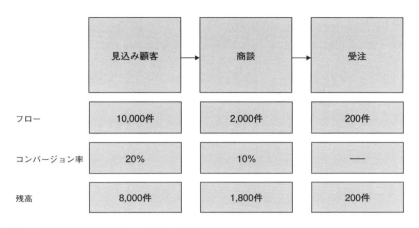

図1：全体の施策が定まっていない場合

　まずは、この粒度でも数字を把握することから始めます。例えば**図1**でいえば、1万件の見込み顧客を追加で獲得できれば、受注も200件増えることがわかります。

　次に、その受注から期待される収益と利益を平均受注単価から想定します。平均受注単価が100万円であれば収益は2億円、利益率が30％であれば利益は6,000万円になります。1万件の見込み顧客で生み出す利益が6,000万円であれば、見込み顧客の獲得単価は6,000円以内でなければ利益が出ません。

　このような把握をすることが、プロセス設計の最初の一歩です。なぜなら、マーケティング担当者は企業の成長に貢献しなくてはならないからです。そのためには、収益や利益といった数字と自分の業務を関連付けて把握しておかなければなりません。プロセスマネジメントも、このゴールに向かって行う必要があります。

　それでは、新規見込み顧客獲得をより効率的に行うために、プロセスを分解していきたいと思います。

新規見込み顧客獲得プロセスを分解する

●チャネルを細かく見る

　ここでは、新規獲得プロセスの分解を行います。まずは、新規見込み顧客の獲得経路を分解していきます。これは「リードソース」という言葉で表現されます。どのチャネルから新規見込み顧客が流れ込んできているのかを把握します。

　そして、さらにこのチャネルを細かく分解していきます。オンライン広告であれば、GoogleAdwordsやYahoo!リスティング広告、純広告やディスプレイネットワークなど、様々な経路があると思います。これらに分解していきます。

　もし流入経路を細かく把握できなければ、本書では詳しくは解説しませんが、必ずGoogleAnalyticsなどで情報を取得するようにしてください。「utmパラメーター」というワードで検索すると、様々な方法が紹介されています。

　そして、チャネルごとのプロセスを分解していきます。オンライン広告であれば、「インプレッション＞バナークリック＞ランディング＞ウェブフォーム入力」というようなプロセスに分解されます（**表1**）。

表 1 : 新規獲得プロセスの分解

チャネル	ステータス1	ステータス2	ステータス3	ステータス4
オンライン広告	インプレッション	クリック	ランディング	フォーム入力
Yahoo!リスティング広告	インプレッション	クリック	ランディング	フォーム入力
Google AdWords	インプレッション	クリック	ランディング	フォーム入力
Facebook	インプレッション	クリック	ランディング	フォーム入力
純広告	インプレッション	クリック	ランディング	フォーム入力
展示会	ブース	アンケート回答		
マーケティングテクノロジー	ブース	アンケート回答		
セールステクノロジー	ブース	アンケート回答		
セミナー	招待	登録	出席	アンケート回答
・・・	招待	登録	出席	アンケート回答

●後工程との連動を把握する

　ここまでは、多くの企業ですでに把握していることでしょう。ここからが重要になってきます。すなわち、「獲得した見込み顧客は売上につながっているのか?」という視点で見ていきます。いくらたくさんの見込み顧客を獲得していても、それが売上に変わっていなければ、何の意味もありません。量より質が大切です。

　後工程のプロセス、つまり商談や受注と連動して数字が把握できるようになれば、「どのチャネルのどの数字を動かせば、売上がいくら上がる」と説明ができるようになります（5-3の**表1**を参照）。例えば前述のように、オンライン広告のバナークリック率から、その後のプロセスの数字がどのように変化するのかを説明できます。

　ここまで分解されれば、新規見込み顧客獲得において、課題、プロセス改善、改善の効果まで、あらゆる側面においてシミュレーションが可能です。

271

●間接的な効果もプロセスとして可視化する

　ここからさらに、間接的な効果もプロセスとして可視化していきたいと思います。まずは見込み顧客を獲得した後の育成プロセスを分解していきます。

　PRやTVCMなど、直接的な効果が測りづらいチャネルもあると思います。それを明確にするために、第5章で取り上げたテストグループとコントロールグループを活用して効果を検証してもよいですが、毎回実施すると非常に工数がかかります。そこで、このプロセスの数字を毎日追うことで、トレンド（傾向）をつかむようにしましょう。トレンドとして通常より大きく数値が上昇しているなら、間接的な効果が出ていることを把握できます。

　一方で、数値に変化が現れないような間接的な効果を期待しているチャネルは、テストグループとコントロールグループでその効果を検証してみればよいでしょう。

　また、間接的な効果を直接的な効果として検証できるよう工夫することも大切です。例えば、TVCMで特定の検索ワードを設定している場合は、オーガニック検索のトレンドを見ておくような形です。

　このフェーズで検討するポイントは、以下のようなものが挙げられます。

　　・自社のマーケティングから売上に至る全体のプロセス
　　・新規獲得チャネルとその指標

見込み顧客の育成プロセスを分解する

続いては、見込み顧客獲得後の育成プロセスを分解していきます。獲得後すぐに商談化するのは、全体の10%といわれています。残りの見込み顧客は継続的にコミュニケーションして興味を促進し、ベストなタイミングで商談化を目指します。この一連のプロセスはリードナーチャリングと呼ばれます（**図2**）。

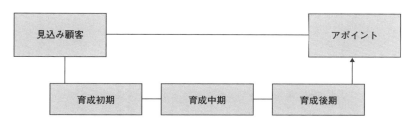

図2：見込み顧客育成のプロセス（リードナーチャリング）を分解する

●段階ごとに整理してチェックポイントを設ける

育成初期の見込み顧客とは、まだ本格的に情報収集を開始していない段階を指します。中期は本格的に情報収集を開始している段階、後期は本格的に購買を検討している見込み顧客を指します。

これらの顧客の態度変容を促すために、必要なチャネルを整理します。またその際に、顧客の状態を確認するポイントが必要になります。そこで、ウェブコンテンツ閲覧とセミナー参加をチェックポイントとして設定することにします。

ウェブコンテンツといっても、コラム的な記事と製品の詳細ページを閲覧しているケースでは検討状況が異なります。「製品の詳細ページに複数回アクセスした」とか、「製品スペックをまとめた

PDFをダウンロードした」といった場合は、本格的に興味を持っている可能性があると考えられます。ウェブコンテンツの種別に応じて顧客の状況が把握できるよう、ウェブサイトを設計していく必要があります。

そして、チェックポイントへ誘導するために活用するチャネルも整理します。オンラインに特化せず、セミナーなどのオフラインのチャネルも活用することで、より広範囲の趣向をとらえることができます。例えば、「メールは全然見ないが、DMは見ている」ようなケースもあると思います。

ここでの一連のリードナーチャリングは、育成後期のチェックポイントを通過した見込み顧客に電話をして、アポイントを取得することがゴールとなります（**図3**）。10％程度しかアポイントへつながらなかった見込み顧客を育成し、追加でさらに10％をセールスプロセスへ引き渡すことができれば、見込み顧客獲得数が同じでも倍の収益を実現できるのです。顧客育成は非常に重要なプロセスといえます。

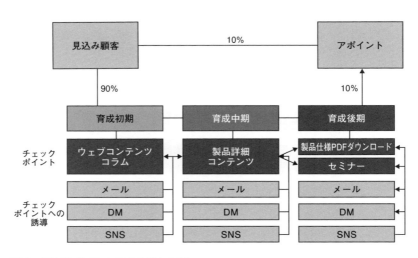

図3：顧客育成プロセスを分解した例

●各チャネルを分解する

　新規見込み顧客獲得プロセスのときと同様、各チャネルのプロセスを分解していきます。ここでは、チェックポイントとなるウェブコンテンツを「コラム」「製品詳細コンテンツ」「製品仕様PDFダウンロード」の3つに分けてみます。製品仕様PDFをダウンロードするというアクションが見られたら、育成後期とみなすことにします。また、セミナーへの参加者も育成後期と考えます。

　製品仕様PDFをダウンロードした人、またはセミナーへの参加者へは電話でフォローを行い、次プロセスへのコンバージョンを促進します。チェックポイントへメールで誘導するのであれば、**図4**のようなプロセスに分解できます。

図4：メールで誘導するときのプロセス

　DMを活用するなら、DM用のウェブページを用意することで、「送付→ウェブアクセス」というプロセスにすることができます。最近では、見込み顧客ごとに個別のURLを発行し、誰がアクセスしてきたかを把握できる技術も整ってきています。

　このようにプロセスを整理できれば、それぞれの数字を把握できます。例えば、メールで育成プロセスを進めていく場合は、一度メールを送信すればベンチマークとなる数字を得られます。それをベースに、残高を計算しながら数回配信を続けた場合は、**図5**のようになります。他のプロセスでも同様に計算することができ、5回の配信で育成中期プロセスへ2,000件程度コンバートできることがわかります。その後の指標も、同様にベンチマークとなる数字を取得し、シミュレーションしていくことが可能です。

	育成初期	育成中期	育成後期	テレマーケティング	アポイント
フロー	9,000件	**2,018件**	385件	27件	18件
コンバージョン率	22.4%	19.1%	7.1%	65%	

メール		送信	開封	クリック	成功	成功率
育成初期1	フロー	9,000件	1,980件	495件	445件	5.0%
	コンバージョン率	22%	25%	90%		
育成初期2	フロー	8,555件	1,882件	470件	423件	5.0%
	コンバージョン率	22%	25%	90%		
育成初期3	フロー	8,131件	1,789件	447件	402件	5.0%
	コンバージョン率	22%	25%	90%		
育成初期4	フロー	7,729件	1,700件	425件	383件	5.0%
	コンバージョン率	22%	25%	90%		
育成初期5	フロー	7,346件	1,616件	404件	364件	5.0%
	コンバージョン率	22%	25%	90%		
				合計	2,018件	

コンバージョンすると残高が減るので送信数も減る

育成中期へコンバージョンする数

図5：メールによる育成プロセスの数字例

セールスプロセスを分解する

　ここからは、後工程となるセールスプロセスを分解していきます。先ほどのリードナーチャリングのプロセスで「チェックポイント」のプロセスを追加しましたが、そこにセールスプロセスの視点を加えます。

●クオリフィケーションをプロセスに追加する

　アポイントからすぐに商談化できればよいのですが、100％商談化することはありません。セールスリソースは限られているので、やみくもに見込み顧客を供給しても、フォローできずに終わってしまいます。生産性を高めるためには、セールスプロセスのコンバー

ジョン率を高める必要があります。

そこでクオリフィケーション（見込み顧客の選別）の仕組みを導入し、優先順位の高い見込み顧客から供給できるようにします（図6）。

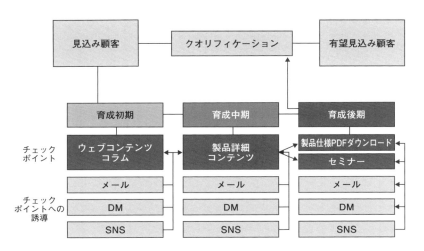

図6：クオリフィケーションをプロセスに追加する

●スコアリングは属性と行動の両面で

また、先ほどのリードナーチャリングだと、製品仕様ダウンロードやセミナーといった、あくまでも行動起点の識別しかしていないので、もともとセールスチームが属性で判断していた重要顧客が見落とされるかもしれません。もちろん属性だけを見ていては、興味がない状態の顧客にセールス活動を開始してしまい、ブランドを毀損してしまう可能性があります。

つまり、属性と行動の両面で顧客をスコアリングし、特定の規定値を超えた見込み顧客をセールスプロセスへ引き渡します。例えば、ウェブコンテンツのコラム記事しか閲覧していなくても、頻繁に閲覧しており、自社のターゲットとしてどうしても取引したいような属性であれば、セールスチームは知りたい情報のはずです。このよ

うにセールスのニーズに合わせて、より高度なプロセスを構築していきましょう。

　マーケティングオートメーションの本来の価値は、複雑なリードナーチャリングの実行を自動化し、リードスコアリングでセールスチームへより有望な見込み顧客を供給することにあります。
　しかし、本来の使い方でなく、メール配信ツールのような使い方をしてしまうのは、プロセスマネジメントの考え方がないからです。ステップバイステップでよいので、必ずプロセスへ落とし込みながらマーケティングを組み立ててください。そうでないと、マーケティングオートメーションだけでなく、その他の様々なマーケティングツールも使いこなすことはできません。

●迂回路を設計する

　セールス活動が成立しなかった場合の対応も分解します。例えば、アポイントは取れたけれど、商談化しなかったというようなケースです。このようなケースでは、再度育成プロセスへ戻す迂回路の設計が必要になります。その重要性は先述した通りです。このように再度育成プロセスへ戻しておけば、また興味が湧いてきたタイミングでセールス活動を再開できます（図7）。

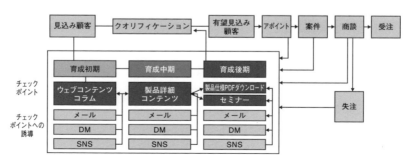

図7：プロセスに迂回路を加える

このフェーズで検討するポイントは、以下のようなものが挙げられます。

・全体プロセスの分解
・育成チャネルの検討
・育成チャネルの測定計画
・育成チャネルの効果シミュレーション

||||||||||||||||||||||||||||||||||||||||| **COLUMN** |||||||||||||||||||||||||||||||||||||||||

No Lead Left Behind

||||||||||||||||||||||||||||||||||||||||||||||||||||||||||||||||||||||||||||||||||||||||||||||||

　マルケトでは見込み顧客を誰一人として放置しないよう、「No Lead Left Behind」という言葉が使われます。これは「No one will be left behind（誰一人取り残さない）」という言葉のNo oneをNo Leadと変えたものです。

　セールスチームにとっても、自分がセールス活動をしていない間も継続的にフォローしてくれる仕組みがあると、今集中したい案件に全力で取り組むことができます。

購入後のアップセル／クロスセルプロセスを構築する

「商品やサービスを一度購入して終わり」というビジネスは非常に少なく、さらに、今後はサブスクリプション型のビジネスがますます増加します。受注後のプロセスをしっかりと設計しておくことで、継続的に顧客との関係を構築し、追加の受注ができるようになります。

そのようなプロセスを設計するには、これまでのプロセスと同じように、必要に応じてアップセル／クロスセルを目的としたプロセスを構築していく必要があります（図8）。

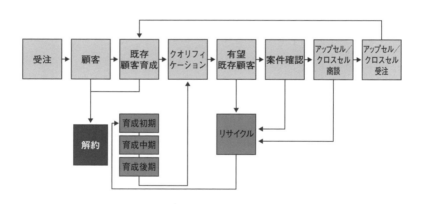

図8：アップセル／クロスセルの構築

全体プロセス設計

これまで見てきたように、まずは大きく把握し、そのプロセスを分解していくという手順を踏めば、緻密なプロセスマネジメントを

実現することは可能です。読者の皆様にはぜひ今日から始めていただきたいと思っています。また、プロセスはより精密に分解することもできますが、まずはビジネスへの影響度の高いプロセスから分解していきましょう。

これまでの総まとめとして、全体プロセスを**図9**にまとめました。このプロセスの管理表（**表2**）もダウンロードできるようにしているので、「読者特典（会員特典）について」のページをご参照ください。

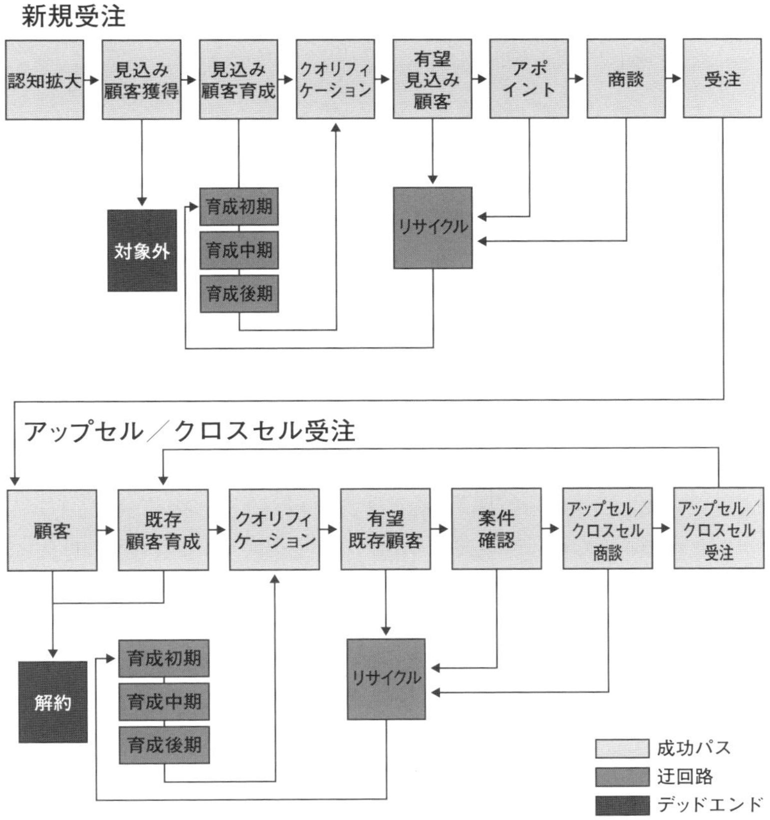

図9：全体プロセスのまとめ

新規受注プロセス

成功パス	指標	実績
見込み顧客獲得	フロー	1,000件
	コンバージョン率	50%
	残高	500件
見込み顧客育成	フロー	500件
	コンバージョン率	80%
	残高	100件
クオリフィケーション	フロー	400件
	コンバージョン率	50%
	残高	200件
有望見込み顧客	フロー	200件
	コンバージョン率	50%
	残高	100件
アポイント	フロー	100件
	コンバージョン率	30%
	残高	70%
商談	フロー	30%
	コンバージョン率	33%
	残高	20件
受注	フロー	10件
	コンバージョン率	-
	残高	10件
迂回路		
初期	残高	100件
中期	残高	50件
後期	残高	50件
デッドエンド		
対象外	残高	500件

表2：プロセスの管理表

7-2 [ケーススタディ①] BtoB のプロセス改善

　ここからはより具体的に、ケーススタディ（実際の事例）を見ながら復習していきます。ケーススタディを見ることで、より実践的な視点が得られるでしょう。まず本節ではプロセス改善のケーススタディを紹介します。

　プロセスマネジメントを強化すると、課題となっているプロセス、すなわちボトルネックがはっきりとしてきます。しかし、ボトルネックとなっているプロセスを改善し、スループットが上がるのかと思いきや、また違うプロセスがボトルネックとなるケースもあります。ここで紹介するのは、段階的に分けてプロセスのフローとコンバージョン率を改善した例です。BtoB の企業や、BtoC の高額商材を扱う企業にはよくあるケースです。

噛み合わない現場、効果の低い施策

　ここでは BtoB ビジネスの事例を紹介します。改善前は、展示会を起点として見込み顧客を獲得し、獲得後はセールスチームへリストを渡し、マーケティングの仕事はそこで終わり、という状況でした。

　セールス側から見ると、新規見込み顧客の供給過多に陥っており、十分なフォローができなくなっていました。一方のマーケティング側は、せっかく獲得した新規見込み顧客をもっとフォローしてほしいと考えており、お互いの関係はあまりよくありませんでした。その当時のプロセスは**図10**のようになります。

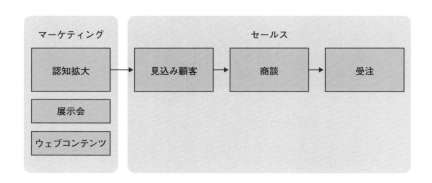

図10：改善前のプロセス

　展示会で獲得した見込み顧客リストは、そこからセールスチームが新規に取引したい企業をピックアップし、商談化の可能性を探るような使われ方をしていました。また、セールスの人手が不足気味であったため、アンケートに「具体的に検討したい」と記載した人だけを対象にする場合もあったようです。
　しかもほとんど（90％）の人は、展示会でたまたま立ち寄っただけか、興味はあるが今すぐ検討するような状況ではなかったのです。もともとやり方がよくなかったうえに、マーケティングとセールスが反目し、さらに効果が下がるという悪循環に陥っていたといえるでしょう。

セールスに渡す見込み顧客の質を改善する

　この状況を打開するために、まず次のような仕組み（プロセス）を導入しました。

①展示会で見込み顧客を獲得する
②商談化していない見込み顧客をセミナーに誘致する
③セミナー参加者をセールスがフォローする

　定期的にセミナーを開催することで、今までフォローできていなかった見込み顧客を商談化させるのに効果がありましたが、改善の余地はまだ残っています。
　ここで課題となったのは、セミナー開催にかかる工数や、開催場所や日時が限られていたことです。新たにフォローできたのは放置されていた見込み顧客の数パーセントに留まりました（それでもゼロから比べれば大きな成果ではあります）。

　そこで、セミナー資料をウェブでダウンロードできるようにしました。セミナーに参加できなかった人から「資料だけでも欲しい」と言われることがあったためです。資料が欲しい人には応募フォームに入力してもらい、セミナーと同様のアンケートもセットで実施しました。この取り組みでまた数パーセント程度、有望見込み顧客を増加させることができました（**図11**）。

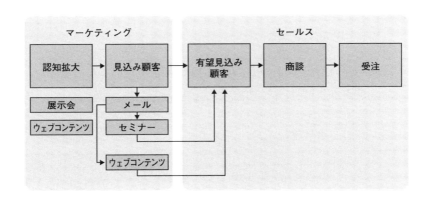

図11：プロセスにセミナーを加えた

見込み顧客の関心を高める

　ここまでの取り組みで、一定のフォローアップの仕組みは構築され、定期的にセールスチームへ有望見込み顧客を渡すプロセスができました。

　しかし、見込み顧客はまだ80％以上が滞留しています。これまでの取り組みは、「今、関心の高い見込み顧客」を発見し、セールスチームへ渡すという方法です。次の展開として検討すべきは、あまり興味を示していない見込み顧客の関心を高めることになります。

　そこで、マーケティングオートメーションのシステムを導入し、ウェブ、メール、セミナーといった顧客の行動情報を統合的に収集することにしました。これにより、各顧客の温度感が可視化され、興味や検討状況別に最適なコンテンツを提供できるようになります。

　見込み顧客を育成するには、育成用の施策が必要です。これはナーチャリングプログラムといわれます。このときはまず、顧客の育成ステージを定めます。「製品認知」「製品調査」「製品導入検討」といった購買ステージに沿った育成ステージを定め、それぞれを定義します。この事例では、大まかに「顧客（の行動）」「自社（の行動）」「ゴール」と定義しました（**図12**）。ステージを定義する際には、カスタマージャーニーを整理するのが非常に有益なアプローチとなります。

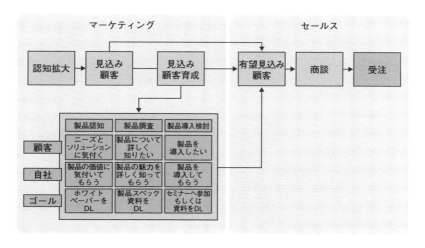

図12：ナーチャリングプログラムの導入

　これらのステージに合わせたコンテンツを準備し、メールやその他のチャネルを利用して顧客へ届けていく仕組みを構築しました。これはマーケティングオートメーションで簡単に構築できます。またウェブやメールの閲覧状況といった行動データを捕捉できるので、ステージの切り替えも自動的に行うことが可能です。

　このナーチャリングプログラムを利用したことで、見込み顧客を次のフェーズに進めることができ、展示会のリストは大きく価値を増していきました。セールスチームにとっても、明示的に関心が高い見込み顧客が増加するのは嬉しいことです。

有望見込み顧客の取りこぼしをなくす

　ここまでの取り組みを通じても、そこまで大量に有望見込み顧客が増加したわけではありません。それはなぜでしょうか。

　それは、最終的な有望見込み顧客の判定に「セミナーへの参加」

が利用されているからです。先ほど述べましたが、セミナーには工数、場所、時間といった制限があるからです。このケースではセミナー資料のダウンロードやアンケートというチャネルもありますが、セミナーに関心がない限りは気付かれないのです。

そこで、興味の度合いが高くなったことを判定するために、リードスコアリングを導入することにしました。リードスコアリングモデルを構築し、スコアがある一定の基準値を超えた場合は、インサイドセールスから電話でフォローするというプロセスです。

有望な見込み顧客の判定を日常的に行い、より多くの見込み顧客と接点を持ち、セールスチームへ渡せるようにしました（**図13**）。

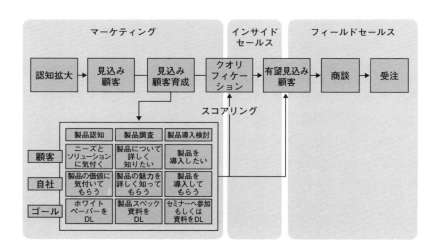

図13：リードスコアリングの導入

このように徐々にボトルネックを改善しながら、マーケティングとセールスのプロセスを改善していきます。そして、フェーズごとに必要なシステムを導入し、より効率化を図ることも大切です。

新規見込み顧客の獲得数を増やす

　ここまでの改善により、展示会で獲得した見込み顧客の価値が、当初とまったく異なることに気が付くと思います。獲得から商談化までのコンバージョン率が大幅に向上しているので、1件あたりの見込み顧客の価値や、展示会のROIなど、すべての数字が改善されています。

　しかし、今後は別のプロセスに課題が発生すると推測できます。継続的に見込み顧客のフォローができる仕組みを構築すると、今度は何が起きるでしょうか。それは前工程の残高不足です。

　プロセスを前に進めることが効率化されると、マーケティングプロセス（見込み顧客育成まで）に滞留していた残高がなくなってきます。獲得効率のよさが生む課題です。

　そこで、新規見込み顧客獲得プロセスの強化を図る必要があります。このケースでは、オンライン広告、SEO、ソーシャルメディアといった新規獲得チャネルを強化していきました。しかし、新規獲得ばかりに注力すると、次第に獲得効率が下がっていきます。そこで、新規獲得だけでなく、迂回路やリサイクルの流れも構築して、マーケティングプロセスの残高を確保するようにしました（**図14**）。

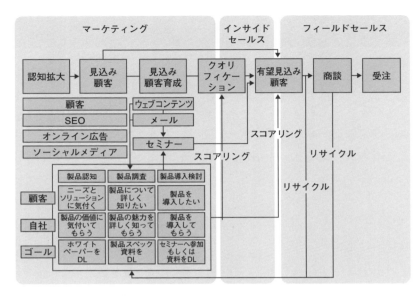

図14：最終的な全体プロセスとチャネル

プロセス改善により得られる、さらなる効果

　各種の改善により、最終的には上記のようなプロセスになりました。この例のように、プロセスマネジメントやチャネルを段階的に導入してボトルネックを解消するというのは、非常に美しい形だと思います。

　ここまで設計されていれば、各プロセスのコンバージョン率の目標値を事前に設定可能です。新しくチャネルを導入した際に、コンバージョン率が芳しくない場合は改善または停止するという判断を短期間でできます。新しいチャネルのコンバージョン率が高いなら、他のチャネルの予算を削減して追加投資するのもよいでしょう。つまり、スピーディに各チャネルへの投資を最適化できます。

　「チャネルや施策の良し悪しの判断は、プロセスのフローやコン

バージョン率が教えてくれる」とわかっていれば、「ミニマムな投資をして、その効果を見て判断すればよい」と割り切れます。これは、自社のビジネスに何が必要で、何を改善しなければならないのか、という視点を養います。このケーススタディほど複雑なことをする必要はありません。シンプルなところから、段階的に進めていけばよいのです。

COLUMN
クイックウィンのポイント

　ここで紹介したケーススタディの「その後」をお話しすると、現在はこれを成功モデルとして、他事業やグローバル展開に向けたプロセスの拡張を検討しています。「スモールスタートでクイックウィンし、スケールしていく」という理想的な進め方といえます。

　ところで、クイックウィン（素早く勝つ）という言葉を、「なんでもとにかくやってみること」と思っている人がいます。クイックに実行することは非常に重要ですが、上記のように全体の流れを把握したうえで、各プロセスを整理しながらでないとうまくいきません。

　クイックウィンでよくある誤解がもう1つあります。それは、失敗しても大丈夫なエリアで、お試し感覚でやってみようというパターンです。これは多くの場合で失敗します。

　なぜかというと、「リスクを認識しながら積極的に取り組む」というのと、「リスクのない範囲で試しに取り組む」という場合では、考え方がかなり変わるからです。

　そのような取り組み方で成功するほど、マーケティングは甘くないと感じています。また、仮にお試しが成功しても経営層にとってあまり重要ではない成果なわけで、評価もされません。成功したときに追加投資が得られるような状況でこそ、クイックウィンは意味があるのだと思います。

7-3 ［ケーススタディ②］ECサイトのプロセス改善

　続いてのケーススタディは、あるECサイトです。先の章でも触れましたが、ECサイトはオンライン広告の競争が非常に厳しくなっており、ROASの悪化が目立ちます。ROAS（Return On Advertising Spend）とは、かけた広告費に対して得られた売上を率で表したものです。この数字が厳しいということは、利益が圧迫されることを意味します。そのまま状況が悪化すると、ビジネス自体の存続が危ぶまれる事態になります。

　特にECを主戦場としてビジネスをしている企業の中には、危機感を強く感じている人もいるでしょう。大手のプレイヤーは次々と、顧客を囲い込み、リピート購入を促進するための大胆な手を、大規模な予算を投じて実行してきます。

　また、これはECだけではなく、ポータルサイトやメディア系のサイトにも同様のことがいえます。さらに、メーカー自身が運営するECサイトも多くありますが、この売上比率を向上させるのはなかなか困難です。

ROASの低下に直面したECサイト

　上記のような厳しい状況の中でも、成功している中小規模のECサイトがあります。このケーススタディでは、ROASの低下に直面している企業がいかにしてプロセスを改善し、売上を向上させたかを紹介します。まずは当時のプロセス図を見てみましょう（**図15**）。

293

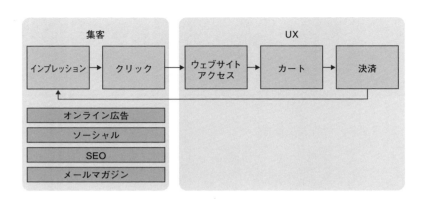

図15：改善前のプロセス

　オンライン広告を中心とした集客を担当する部門と、ウェブサイトのUI/UXを向上させる部門に役割が分かれています。集客チームはインプレッションやCTR、ウェブサイトの訪問数、ROASを計測しており、UI/UX の部門はコンテンツの拡充や動線の設計を行いながら、ウェブサイト上のコンバージョン率の改善を行っています。

　この企業では、広告の最適化手法は非常に高度なレベルに達しており、ウェブサイトには豊富なコンテンツがあり、非常にわかりやすい動線設計もなされていました。各種に創意工夫をしていたのですが、年々ROASが低下してきており、徐々に利益率を圧迫してきているような状況でした。

　そこで、プロセスのコンバージョン率向上とプロセスの見直しをかけ、LTV*の向上に注力することにしました。この戦略は多くの企業が継続的に取り組んでいますが、そのプロセスの構築に関しては、まだまだ改善の余地が多いと感じます。

＊LTV：顧客生涯価値。顧客1人が生涯企業にもたらす価値のこと。

リピート購入を増やしLTVを改善する

●LTVにつながる複数の迂回路

さて、ここでの最も大きな改善ポイントは迂回路の設計です。新規とリピート顧客それぞれのプロセスを設計し、各プロセスのコンバージョン率を改善していく緻密な設計が必要となります。

またECサイトに限ったことではありませんが、リアルタイムにタイミングをとらえたマーケティングも重要で、テクノロジーの進化がこれらを容易にしてくれるようになってきました。

このケースのもう1つの大きな課題は、非常に少数で運営しているという点でした。大企業のような潤沢な予算はない中で、創意工夫してきたのです。

最初に行ったのは、既存顧客向けのリピートプロセスの見直しです。既存顧客からはすでにメールアドレスや個人情報を取得できているので、リマーケティング用の迂回路を複数設計しました（**図16**）。

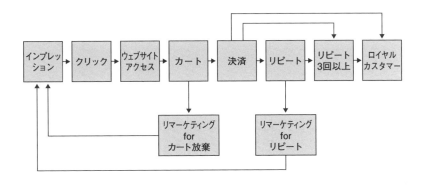

図16：複数の迂回路を設計した

●リマーケティング2つの手法

　具体的にどのようなリマーケティングをしたかというと、とても一般的な手法から始めました。カートに商品を入れただけで決済に至っていない顧客に対して、メールでリマインダーを送るというものです。

　それに加えて、購入直後の顧客に別の製品を提案する、レコメンデーションのメールも送ることにしました。しかし、製品には膨大な組み合わせがあるので、少人数で1つ1つコンテンツとワークフローを作成することは現実的ではありません。そこで、レコメンデーションエンジンを導入して自動化させました。

　この2つの施策は、コンバージョン率の改善に効果を発揮しました。この取り組みは、顧客が最もホットであろうという状況を逃さずリアルタイムに捕捉し、マーケティングメッセージを届けることで、コンバージョン率を改善させたのです。

●リピート回数を増やすためのナーチャリングプログラム

　さらに、後半のプロセスにおいて、「リピート回数3回以上」を目標にナーチャリングプログラムを構築することになりました（図17）。

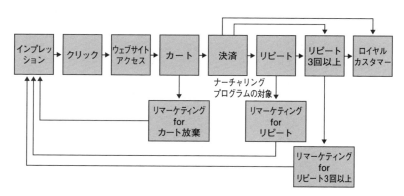

図17：「リピート」と「リピート3回以上」を分け、3回未満はナーチャリングプログラムを構築した

このプログラムでは、顧客のエンゲージメントを高めるために、行動データに合わせたメールを自動的に配信する仕組みを構築しました。顧客との長期的なつながり（リンク）を構築し、顧客が購入の検討をするタイミングを捕捉するのが目的です。

例えば、顧客がある特定の製品群の商品詳細ページへアクセスすると、自動的にそれに関連するお役立ちコンテンツや、レコメンデーションのメールが送信されます（図18）。顧客が見ているウェブコンテンツをリアルタイムに把握しないと実現できないことですが、今はマーケティングオートメーションやレコメンデーションのサービスを利用すれば、容易に構築可能です。

過去の購入履歴も重要ですが、今の情報もウェブサイトのトラッキングが教えてくれます。最適なタイミングでメッセージを供給することで、顧客の購買をよりスムーズにできます。また、お役立ちコンテンツは、購入後のメンテナンスや活用方法の情報を提供するので、アフターフォローも担います。

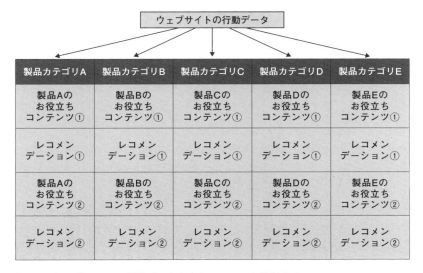

図18：ウェブサイトの行動データをもとにメールを送信する

●クーポンで購買意向の高い瞬間をとらえる

　このECサイトの取り組みはまだあります。ある一定のリピート回数を超えた顧客にだけ、特別なクーポンを配信する仕組みも実装しました（**図19**）。これにより、顧客のLTVをさらに高めることができます。

　ここまでくると、コンバージョン率もROASもかなり向上しており、顧客あたりの利益率も非常に高くなりました。継続利用を促進する方法にはポイント制度などもありますが、クーポンの方が購買意向の高い瞬間をとらえやすいといえます。

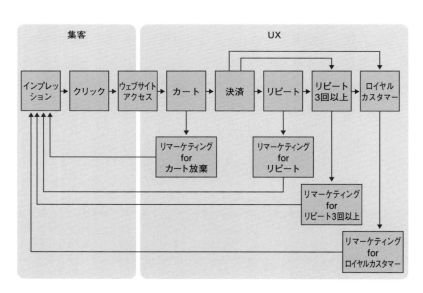

図19：LTVをさらに高めるためにロイヤルカスタマー用のプログラムを構築した

　このように複数の迂回路を設計し、プロセスごとに最適なメッセージを届けるという方法は、このケースだけの特別な例ではありません。それでも各プロセスのコンバージョン率を0.1%ずつでも継続的に改善していけば、最終的な改善インパクトは非常に大きなものになるのです。

ウェブにおけるビジネスとプロセス設計

　また、ECサイトならではのこととして、すべてのチャネルにおける顧客の流れをウェブ解析ツールに統合して分析できます。これにより、チャネルごとのサイトの回遊状況も分析できるようになります。ここでは詳しく書きませんが、ウェブサイト自体に細かなプロセス設計をして、ボトルネックを容易に発見できるようにするのも大切です。

　このような取り組みはウェブメディアや会員サイトでも有効で、新規獲得後のプロセスの緻密化は、各企業にとって大きなソリューションになりうるのです。

　しかし、プロセス設計とその高度化はすぐにできるものではありません。人、測定計画、チャネル、プロセスに沿って戦術を組み立てながら取り組んでいく必要があります。他社の事例を真似するのが難しいのは、業務プロセスの改善、人の配置、測定計画、チャネルなど、その裏では個別の様々な検討や対応をしなければならないからです。

　これらをきちんとマネジメントし、マーケティング施策を実行していけば、効果は確実に出ると断言できます。しかし、短期的な効果を求め、マーケティング施策を散発的に実行していては、いつまでも根本的な解決はできません。

7-4 マーケティングにおける テクノロジー活用

テクノロジーに振り回されないために

　本書ではプロセスマネジメントの重要性を述べてきましたが、緻密なプロセスマネジメントを実現するためにはテクノロジーの活用が欠かせません。データの収集、測定、チャネル活用などあらゆる面において、人の手でできることは限界を迎えています。特に、顧客ごとのデータを収集し、統合的にマネジメントしていくことは、もはや現代のマーケティングにおいては必須です。

　点在している顧客のデータを統合的に管理できるテクノロジーは、安価に利用できるようになってきました。人の手でやると1週間かかるような仕事も、テクノロジーを活用すれば数分でできる場合はザラにあります。しかし、ツールやシステムを導入すればすべてを解決してくれるのかというと、それもまったく違います。

　テクノロジーを活用して、高度なプロセスマネジメントを実現し、売上を効果的に上げている企業と、そうでない企業では、マーケティング戦術の設計力が違います。プロセスに落とし込んで最適な測定計画を立案し、さらに実行、分析もして改善するという一連のプロセスが描けなければ、優れたテクノロジーも宝のもちぐされです。それどころか、マーケティング戦術の組み立てができなければ、テクノロジーに振り回されてしまうことでしょう。

プロセス改善は業務改革につながる

本書のテーマである「数字」に関していえば、複雑な数式やプログラミングを覚えるよりも、見るべき数字をきっちりと整理し、四則演算で証明ができる方がよっぽど再現性があり、実用的です。

簡単なプロセスマネジメントから始めて、自社の課題を浮き彫りにしながら、そのソリューションとして最適なテクノロジーを導入していけばよいと思います。ただし、のんびり構えてはいられない時代になりました。

筆者の担当する顧客は、テクノロジーを活用してたった3名で数十カ国でのマーケティングを実行しています。また、わずか2人でデジタルマーケティングを推進し、マーケティング経由の売上を倍に成長させた例もあります。

これらの例に共通していえるのは、緻密なプロセスマネジメントとテクノロジー活用の両方を実現していることです。すでにこのような成果を上げている企業がある中で、テクノロジーを活用していないマーケティングは時代に取り残されていくのではないかと感じます。

まずは簡単にでも、自社のマーケティングとセールスのプロセスを設計しましょう。テクノロジーを活用して高度化・緻密化させるには早くても半年はかかりますが、このステップを踏むことで、テクノロジーが自社のビジネスにどのような恩恵をもたらしてくれるのかも理解できるようになります。それはすなわち、テクノロジーを使いこなせるという意味でもあります。

ツールを導入することを目的化せず、「これはマーケティングと

セールスの業務改革だ」という意識で取り組むと、結果はまったく異なるものになるでしょう。

アート、サイエンス、プロセス

　日本で本格的にマーケティングオートメーションが使われだしてから、約5年が経ちました。ここで感じるのは、5年前より格段にマーケティング戦術のレベルが上がっているということです。ますます、高いレベルの戦術を用いたマーケティングの事例が日本で生まれるはずです。

　もともと、日本人はプロセスマネジメントの達人です。製造の世界で品質の高い製品を送り出し、世界をリードしてきました。製造の世界で培ってきたプロセスマネジメントをマーケティングの世界に持ち込むことができれば、世界最高レベルのマーケティングができると思います。

　マーケティングはアートとサイエンスを両立し、バランスを保って実行していかなければならないので、難易度の高い仕事といえるでしょう。クリエイティブの感性や顧客の心理といった複雑なことをすべて理解し、マネジメントすることは、現在の技術では不可能です。

　しかし、マーケティングの業務をプロセスマネジメントで最適化し、テクノロジーで自動化し、より高いスループットを実現することは可能です。アートとサイエンスのバランスを保ちつつ、自動化できるポイントに気付くにはプロセスマネジメントが不可欠です。

おわりに

　本書を最後までお読みいただき誠にありがとうございました。

　日々、多くの優秀なマーケターと一緒にお仕事をしていて感じることは、成功しているマーケターはおしなべて数字に強いということです。複雑な数式やデータサイエンスの知識がなくても、膨大なデータの中から意味のある数字を整理し、時には道標のように、時には速度メーターのように、状況に合わせて効果的に活用しています。刻々と変化するデジタルマーケティングが主流の現代において、数字感覚はマーケターに求められる重要なスキルであることは間違いありません。本書がこれまで数字の活用に苦しんでいた方の一助となれば、これ以上幸せなことはありません。

本書の出版に関わった方々への感謝

　まずは本書の企画・編集まで長期にわたり、きめ細やかなサポートをいただいた翔泳社の秦和宏さんに深く感謝と御礼を申し上げます。秦さんのプロフェッショナルな仕事ぶりにとても感動し、また多くのことを学ばせていただきました。本当にありがとうございました。

　本書を執筆するきっかけと多くのアドバイスをいただきました株式会社マルケトの福田康隆社長にも感謝します。また、同社広報の大槻祥江さんは企画提出から出版に至るまで、すべての調整・諸手続きを一手に引き受けて対応してくださいました。このような貴重な機会を作っていただき、多くのサポートをいただけて感謝の気持ちで一杯です。

　本書が出版できたのはお客様および株式会社マルケトの皆さんと多くの議論を重ねてきたお陰です。熱意のある素晴らしい方々の中でマーケティングの仕事をさせていただいていると常々感じます。いつも温かいご支援ありがとうございます。

　微力ながら、私も皆さんのお役に立てるよう日々精進していこうと思います。

2019 年 2 月　丸井達郎

著者プロフィール

丸井 達郎（まるい・たつろう）

マーケティングオートメーションシステムを提供する株式会社マルケトにて、戦略コンサルティング業務に従事。同社のコンサルティングチームの立ち上げ当初から、数多くのシステム導入プロジェクトに参画。現在は主にユーザー企業に対し、プロセスマネジメントを中心とした戦術設計や数字指向のマーケティング戦略の立案を支援している。自身もマーケターとして、数字とデジタルマーケティングを活用した独自のマーケティングモデルを開発し、企業の成長に大きく貢献した経験を持つ。

装丁・本文デザイン　斉藤よしのぶ
DTP　BUCH⁺

「数字指向」のマーケティング
データに踊らされないための数字の読み方・使い方（MarkeZine BOOKS）

2019 年 2 月 21 日　初版第 1 刷発行

著　者	丸井 達郎
発行人	佐々木 幹夫
発行所	株式会社 翔泳社 （https://www.shoeisha.co.jp）
印刷・製本	大日本印刷 株式会社

©2019 Tatsuro Marui

本書は著作権法上の保護を受けています。本書の一部または全部について（ソフトウェアおよびプログラムを含む）、株式会社 翔泳社から文書による許諾を得ずに、いかなる方法においても無断で複写、複製することは禁じられています。

本書へのお問い合わせについては、14 ページに記載の内容をお読みください。
落丁・乱丁はお取り替えいたします。03-5362-3705 までご連絡ください。

ISBN978-4-7981-5859-4　　　　　　　　　　　　　　　　　Printed in Japan